MATCHA

Wir bedanken uns für viele Rezepte herzlich bei Gerald Jeitler (Küchenchef des Kinderhotels Sonnenpark, Lutzmannsburg) und Karl Ecker (Küchenchef im Seniorenhaus Harmonie, St. Christophen).

Bildnachweis:
iStockphoto.com: 6, 10, 13, 19, 21, 22, 32, 38, 42, 43, 44, 49, 50, 53, 54, 62, 66, 75
Maiko Tee Japan: 9, 16
Ming Art/Calogero Randazzo: 27, 28, 31, 37, 41, 65
Max Herlitschka: 69-95 (außer 75), Autorenbild Umschlagrückseite
Hintergründe: shutterstock.com

Impressum:
ISBN: 978-3-7088-0522-1

Lobkowitzplatz 1, A-1010 Wien
www.kneippverlag.com

Autor: Dr. Walter Glück
Lektorat: Mag. Eva Manhardt
Korrektorat: Mag. Franz Ebner
Coverbild: iStockphoto.com/kevinruss
Covergestaltung: Oskar Kubinecz
Art Direction/DTP: Werner Weißhappl, plan_w
Druck und Bindung: Theiss GmbH, A-9431 St. Stefan

5. Auflage, Juni 2014

Dr. Walter Glück

MATCHA

Das gesunde Grüntee-Wunder

Matcha – vom Schattendasein ins Rampenlicht

Jahrhunderte hindurch war Matcha, der gemahlene Grüntee, ein streng gehütetes Geheimnis. Nur der Klerus und das Kaiserhaus durften sich den „Trank der Unsterblichkeit" gönnen, nachdem er im 8. Jahrhundert von China nach Japan gelangte.

Die Neuentdeckung von Matcha

Heute erweckt Matcha nicht durch die Bewerbung seiner sensationellen Heilwirkungen Interesse. Zwar attraktive, aber nicht ganz so gesunde Matcha-Bonbons und -Schokoladen verleihen dem grünen Teewunder aus Japan den Status eines trendigen Genussmittels.

Das Geheimnisvolle des Schattendaseins – was durch den Lichtentzug passiert

Trotz zunehmender Nachfrage nach japanischen Produkten bleibt japanischer Grüntee eine Rarität. Seine exklusivsten Sorten führen bis zu ihrer Ernte im wahrsten Sinn des Wortes ein Schattendasein – sie sind bedeckt mit Stroh- oder Plastikmatten, ein unheimliches Bild für einen Vorgang, der Sinn macht: Die Reifung des Teeblattes ist ein komplexer Vorgang und gleicht einer chemischen Fabrik. Die in den Wurzeln des Teestrauches gebildeten Wirkstoffe, vor allem L-Theanin, steigen in die Blätter auf.

Theanin wird durch den Einfluss von Sonnenlicht umgewandelt in Katechine. Diese verleihen dem Tee einen leicht herben, adstringierenden (zusammenziehenden) Geschmack; durch den Lichtentzug werden diese Gerbstoffe nur in einem geringen Ausmaß gebildet – dadurch bleibt das Aroma des Tees mild. Andererseits werden Chlorophyll und einige andere Aminosäuren deutlich mehr angereichert als ohne Abdeckung. Welche fantastischen

Im Gegensatz zu den meisten Gemüsen und Früchten, die Sonne zur Reifung benötigen, verhält es sich beim Teeblatt anders.

Flughafen Tokio, 7.45 Uhr

Schon der Anblick der Landschaft beim Anflug war bewegend – große schwarze Flächen in der Landschaft, als wäre alles in Trauer. Das erste Mal in meinem Leben betrete ich japanischen Boden – zwecks Erkundung des spannenden Themas „Matcha". In der Flughafenhalle laden farbenfrohe Pakete zum Kauf ein: Matcha in Form von Bonbons, Keksen oder Schokolade. Ich frage die Verkäuferin. Ja, das sei jetzt große Mode, meint sie höflich lächelnd. Ob sie denn auch den Matcha-Tee verkaufe. Natürlich, mit einer geheimnisvollen Handbewegung und verheißungsvollem Augenaufschlag nimmt sie ein winziges Päckchen aus dem Kühlregal. Der Preis ist indirekt proportional zur Größe und lässt meinen Atem stocken. Ich stelle die provokante Frage, ob sie selbst gern Matcha-Tee trinke. Mit einem um eine Stufe gesteigerten Lächeln erzählt sie mir, dass sie ihn schon probiert hätte; aber das würden eher ihre Großeltern trinken, da es etwas ganz Besonderes sei. Aus einem Reiseführer weiß ich: Japaner sagen nie ein direktes „Ja" oder „Nein". Man lernt, zwischen den Zeilen zu lesen. So frage ich nicht weiter und lasse mir von der Dame mit zuckersüßer Miene ein ebenso süßes und relativ billiges Päckchen Matcha-Schokolade verkaufen. Die Melodie ihrer Abschiedsworte vermischt sich mit japanischer Musik und Flughafenlärm. Sehr bald nach meinem Erlebnis im Flughafenshop und der Besichtigung anderer Teeläden wird mir klar, dass Matcha mehr ist als nur ein exklusiver Tee – er ist eine Welt für sich.

Wirkungen dadurch entstehen, beschäftigt uns in den folgenden Kapiteln. Damit wird das Geheimnis um Matcha Schritt für Schritt gelüftet, um dieses Wunder der Natur in das wohlverdiente Rampenlicht zu rücken.

Grüntee – mehr als ein Anregungsmittel

Grüntee hat ein riesiges Arsenal an Inhaltsstoffen, die für seine komplexen biologischen Wirkungen verantwortlich sind. Zu den hervorstechendsten Substanzen zählen keimtötende Katechine, die so richtig Putzarbeit leisten.

Grüntee – der Saubermacher

Schon vor Jahrhunderten beobachtete man eine heilende Wirkung von Grüntee auf den Verdauungsapparat. Verantwortlich dafür sind zunächst als Gerbstoffe bezeichnete chemische Verbindungen. Heute zählt der Chemiker diese Stoffe zu den Polyphenolen. Diese leiten sich chemisch von der essenziellen Aminosäure Phenylalanin ab – ein Stoff, den wir unbedingt mit der Nahrung aufnehmen müssen, deshalb „essenziell". Polyphenole kommen in Rotwein, grünem Tee und vielen anderen Pflanzen vor. Sie sind verantwortlich für Farbe, Geruch und Geschmack – und vor allem für die gesundheitsfördernden Wirkungen!

Schon lange vor dem wissenschaftlichen Nachweis seiner keimtötenden Wirkung wurde Grüntee nicht nur getrunken, sondern auch als Putzmittel verwendet.

Analog zur inneren Desinfektion wurden Grünteeabfälle auch als Bereicherung des Hausputzes entdeckt: Zur Raumdesinfektion und Geruchsneutralisierung – der Rauch gerösteter Teeblätter verhilft zu gesundem Raumklima. So wie Tee Gerüche neutralisiert, zieht er Fremdgerüche auch bei der Lagerung an. Achten Sie deshalb darauf, den Tee gut abgepackt für sich allein kühl zu lagern.

Katechine – die Wunderstoffe von Matcha

Die großartige Reinigungswirkung der Katechine ist nicht ihre einzige. Erst durch neuere Forschungen, auch im Bereich anderer Pflanzenarten, wurde die Wichtigkeit dieser pflanzlichen Wirkstoffe bekannt.

Katechine sind eine Untergruppe der Flavonoide. Flavonoide wiederum sind eine Untergruppe der bereits beschriebenen Polyphenole. Die Katechine des Grüntees wurden in den letzten Jahren eingehend erforscht. Die Katechin-„Familie" besteht aus mehreren Familienmitgliedern: Katechin, Epikatechin, Gallokatechingallat, Epigallokatechin, Epikatechingallat, Epigallokatechingallat. Das Familienoberhaupt, also der wichtigste und auch mengenmäßig vorherrschende Anteil, ist das Epigallokatechingallat (EGCG). Es soll hauptverantwortlich für die Gesamtwirkung der Katechine sein.

Die Wirkung von EGCG in der Natur ist zunächst nicht für den Menschen gedacht, sondern eine höchst egoistische: Pflanzen müssen sich gegen Feinde und Mikroorganismen schützen. Der Weinstock tut dies mit Hilfe von Resveratrol, das gegen Pilze wirkt; leider ist diese Anti-Pilz-Wirkung beim Menschen nicht gegeben. Das EGCG des Grüntees wirkt jedoch gegen verschiedenste Feinde – Pilze, Viren und Bakterien, auch am Menschen. Damit werden die vielfältigen Wirkungen in unterschiedlichen Organbereichen verständlich.

Theogallin

Dies ist ein weniger gut erforschter Bestandteil des Grüntees, der aus einer Verbindung von Chinasäure und Gallussäure entsteht. Er dürfte kombiniert mit Theanin auf das Gehirn wirken.

Was uns an- oder aufregt – Koffein oder Tein?

Den meisten anregenden Genussmitteln ist ein Stoff gemeinsam: Koffein. Etwa 1 bis 1,5 % im Tee und 3 bis 5 % im Kaffee, gemessen in der Trockenmasse; 8 % in Guaraná, in Kolanüssen zirka 3 % und im Kakao weniger als 1 %. Eine Tasse Kaffee enthält aber vier- bis achtmal so viel Koffein wie eine Tasse Tee. Eine Zeitlang meinte man, Tee hätte ein eigenes Tein – Chemiker stellten fest, dass Tein und Koffein idente Substanzen sind.

Koffein ist ein weißes, geruchloses kristallines Pulver mit leicht bitterem Geschmack. So kommt es in der Natur natürlich nicht vor, sondern ist jeweils an verschiedene Stoffe gebunden. Die unterschiedlichen Verbindungen sind für die biologische Wirkung verantwortlich: Beim Kaffee löst sich Koffein durch die Magensäure ziemlich rasch aus einem Chlorogensäure-Kalium-Komplex. Dadurch wirkt Kaffee schnell, aber auch relativ kurz. Anders beim Tee: Hier liegt Koffein an Polyphenole, also pflanzliche Bitterstoffe, gebunden vor. Diese werden langsam, und zwar erst in der Darmschleimhaut aufgeschlossen. Deshalb wirkt Tee verzögert anregend für etwa sechs Stunden.

Kaffee und Tee enthalten den anregenden Stoff Koffein. Chemisch ident, aber in der Wirkung sehr unterschiedlich.

Kaffee vermittelt nicht nur von der Wirkung her Tempo, er wird auch rasch zwischendurch getrunken. Symbol dafür ist der schnelle Steh-Espresso. Für Tee gilt das Gegenteil: Er steht für den ruhigen Genuss im Sitzen und dient der Entschleunigung der Zeit.

Worin sich Grüntee von Schwarztee unterscheidet

Geschmacklich unterscheiden sich die beiden Brüder beträchtlich, in der chemischen Analyse allerdings nicht wesentlich. Lediglich beim Katechingehalt gibt es einen deutlichen Unterschied: Dieser beträgt im Schwarztee nur 4 %, im Grüntee etwa 23 %; wobei einige Katechinverbindungen exklusiv nur im Grüntee vorkommen. Weiters ist Theanin in fermentierten Tees kaum vorhanden, da dieser Stoff durch die Fermentierung abgebaut wird.

Weitere Inhaltsstoffe von Grüntee

Theophyllin und Theobromin

Diese beiden Stoffe sind in Naturstoffen immer mit Koffein kombiniert und kommen im Grüntee in kleinen Mengen vor. Der Name Theophyllin leitet sich von den Teeblättern ab; 1888 hat Albrecht Kossel als Erster diese Substanz aus Teeblättern isolieren können. Die beiden Stoffe wirken harntreibend, aber auch positiv auf die Herzleistung. Theophyllin ist eines der wichtigsten synthetischen Asthmamedikamente. Theobromin kommt in einigen Pflanzen wie dem Kakaobaum, den Kolabäumen sowie in Teepflanzen vor und hat eine ähnlich anregende Wirkung wie Koffein.

Wie unter Strom

Nach einem Flug von zwölf Stunden und der siebenstündigen Zeitverschiebung verfällt man zunächst in einen Tiefschlaf, aus dem einen nur ein schriller Wecker herausreißen kann. So ging es mir am ersten Morgen in Japan. Danach das volle Programm, in dem mehrere Teeverkostungen enthalten waren. In Summe habe ich gut einen Liter Grüntee und einige Tassen Matcha verkostet. Die Folge war eine angeregte Zeit: Tagsüber gut drauf, aber am Abend kein Funken von wohlverdienter Bettschwere. Das Hirn ließ sich nicht abschalten; auch Kniebeugen und Liegestütze, die in dem winzigen Zimmer kaum machbar waren, halfen nicht. Um drei Uhr nachts noch immer hellwach und keine Spur von körperlicher oder geistiger Müdigkeit. So ging das drei Tage und zwei Nächte. Nachts begann ich darüber zu sinnieren, warum die Japaner ein so fleißiges Volk sind.

Vitamine

Matcha liefert einen nahezu perfekten Cocktail an Vitaminen. So findet sich im Grüntee außer Vitamin C noch Folgendes: Vitamin A (Beta-Carotin) – das nicht wasserlösliche Vitamin ist wichtig für die Haut und Schleimhäute; Vitamin E, ein Anti-Aging-Stoff, sowie die Vitamine B1, B2 und K1.

Spurenelemente und Mineralstoffe

Auch bei diesen zum Teil seltenen Stoffen kommt es nicht auf die Menge, sondern auf die Gesamtheit an: Gerade die seltenen Elemente wie Strontium, Kupfer, Nickel, Phosphor, Molybdän und Aluminium finden sich im Grüntee. Außerdem Eisen, Zink, Mangan, Fluor und Kalzium. Die beiden Letzteren sind wichtig für Zähne und Knochen. Selen dürfte für die Funktion der Prostata wichtig sein. Zink ist Bestandteil der Zellmembran und essenziell für die Synthese der Erbmasse. Gerade die seltenen Elemente wie Chrom, Molybdän und Selen finden sich in vielen Nahrungsmitteln nicht mehr in ausreichendem Ausmaß.

Japanischer Grüntee ist weltweit der einzige nicht fermentierte Grüntee!

Niacin (Nikotinsäure)

Die früher als Vitamin B3 bezeichnete Nikotinsäure ist am Fett-, Eiweiß- und Kohlenhydratstoffwechsel beteiligt. Sie hat antioxidative Wirkung und ist wichtig für Haut, Nerven und Muskeln.

Chlorophyll

Der grüne Pflanzenfarbstoff kann durch seine Wirkung auf die Schleimhäute des Magen-Darm-Traktes zu einer verbesserten Verdauung verhelfen. Chlorophyll wirkt ebenfalls antioxidativ und adsorbiert Giftstoffe.

Kaloriengehalt

Die Kalorien sind vernachlässigbar: etwa 0,90 kcal pro Tasse.

Japanischer Grüntee – eine eigene, kleine Welt

In der Welt des Tees ist Grüntee ein eigener Kontinent. Auf diesem ist japanischer Grüntee nur eine kleine Insel.

David gegen Goliath

Mengenmäßig gesehen, liefert Japan nur einen kleinen Anteil der Weltproduktion an Grüntee, etwa hunderttausend Tonnen. Der Großteil japanischen Tees wird im Land getrunken; der Export liegt bei einem verschwindend kleinen Anteil von etwa einem Prozent. Und etwa die halbe Menge des Eigenbedarfes muss Japan von anderen Ländern importieren.

Grüntee genießen lernen – ein Besuch im Teehaus

Mein erster Eindruck eines japanischen Teehauses – vergleichbar mit einem Wiener Kaffeehaus – ist der von nüchterner Gemütlichkeit. Wir drei sitzen auf niedrigen Hockern, was schon ein Zugeständnis an ausländische Touristen ist. Analog zur Weinverkostung wird mit einem leichten Alltagstee begonnen – dem Sencha. Am Tischchen vor uns werden eine Teekanne sowie mehrere Schalen platziert. Danach beginnt es etwas kompliziert zu werden: Penibel wird auf die Wassertemperatur und dessen Menge geachtet. Aufguss – in einer Minute ist der Tee trinkfertig. Mit einer kleinen Erklärung vergehen weitere 45 Sekunden. Das Ausgießen in die drei Teeschalen erfolgt nach strenger Ordnung: Damit jede der drei Tassen den gleichen Geschmack erhält, wird von der Kanne in kleinen Portionen in die Tassen ausgegossen: zuerst Tasse 1, dann 2, dann 3; danach in der umgekehrten Reihenfolge 3, 2, 1. Dann wieder umgekehrt, bis die Kanne bis zum letzten Tropfen geleert ist; Letzteres wird als wichtig erachtet und mit Akribie vorgeführt – immer noch kommt ein Tropfen. Der Letzte ist der Wichtigste, wird uns gesagt, wobei wir die Teekanne und die daraus quellenden Tropfen hypnotisieren. Endlich – es fällt ein letzter Tropfen wie eine Perle in die Teeschale. Man hört ein Aufatmen der Erleichterung.

Weltweit sind chinesische Grüntees mengenmäßig dominierend. Sie werden leicht fermentiert und unterscheiden sich dadurch in der biologischen Wirkung von japanischen Grüntees.

Japanische Teesorten

Sencha – das Alltagsgetränk der Japaner

Sencha macht etwa drei Viertel des in Japan kultivierten Tees aus. Sencha bedeutet so viel wie „Zieh-Tee", also ein Tee, den man ziehen lässt. Nach dem Zeitpunkt der Ernte ist sein Geschmack etwas differierend. Es gibt eine große Palette von Qualitäten und Preisklassen. Der ausgewogene Geschmack von Sencha bewegt sich zwischen „lieblich" und „herb". Das rührt daher, dass er vor der Ernte nicht abgedeckt wird.

Grüntee ist nicht gleich Grüntee – vor allem in gesundheitlicher Hinsicht!

Bancha

Bancha ist ebenfalls ein Alltagstee, der im Juli und August aus den nachwachsenden Blättern der Senchateepflanzen geerntet wird. Seine Blätter sind groß und leicht gerollt – deshalb der Name Großblatttee. Er enthält weniger Koffein und mehr Gerbstoffe als Sencha. Dadurch ist er auch für Kinder gut trinkbar.

Genmaicha

Das ist ein Tee mit malzigem Aroma. Man versetzt gepoppten braunen Reis (Genmai) mit Maicha. Ursprünglich ein Arme-Leute-Getränk, wird er heute überall getrunken.

Hojicha

Hojicha ist ein gerösteter Grüntee und wird aus Bancha, Sencha oder Kukicha hergestellt. Er wird bei etwa 200 °C über Holzkohle geröstet. Dadurch verliert er viel an Koffein und kann daher auch abends getrunken werden. Er ist leicht rötlich, schmeckt etwas nach Nuss und passt gut zu Sushi und Sashimi; man kann ihn auch kalt genießen, vor allem im Sommer.

Gyokuro

Dieser als „edle Tautropfen" bezeichnete Tee ist der hochwertigste japanische Blatttee und einer der teuersten Grüntees des Weltmarktes. Ähnlich wie bei Matcha werden seine Blätter etwa vier Wochen vor der Ernte abgedeckt. Er ist aromatisch, mild und vollfruchtig im Geschmack.

Hier kann aus Platzgründen nicht auf alle japanischen Teesorten eingegangen werden – von Shincha bis Fukamushicha gibt es noch einiges zu entdecken.

Matcha

Zum Eingewöhnen in den japanischen Teegeschmack eignen sich die hier beschriebenen Sorten ausgezeichnet; am besten in der beschriebenen Reihenfolge von Sencha bis Gyokuro. Damit ist man vorbereitet für die Krone des Grüntees, den Matcha. Dieser wird aus der hochwertigsten Sorte, dem Tencha (= abgedeckter Tee), gewonnen.

Was den Geschmack ausmacht – ein raffinierter Cocktail

Wie im vorigen Kapitel beschrieben, bestehen Grüntee und Matcha aus einem Gemisch von Dutzenden Inhaltsstoffen, deren Balance das Aroma bestimmt. Der Unterschied zwischen dem abgedunkelten Tencha und dem nicht abgedeckten Grüntee betrifft nicht nur den Anteil an L-Theanin – Tencha hat, verglichen mit anderem Grüntee, deutlich höhere Werte an Chlorophyll, Gallocatechin, Strictinin, Pyroglutaminsäure und einigen anderen Substanzen; auf der anderen Seite niedrigere Werte an Fructose, Succinylsäure und Epigallokatechin. Das Verhältnis dieser Einzelstoffe schwankt jahreszeitlich von Ernte zu Ernte, bedingt durch Klimaeinflüsse und den Lichtentzug. Aus dieser Komplexität wird ersichtlich, dass der Geschmack von Matcha bei jeder Ernte und jedem Jahrgang subtile Unterschiede aufweist, die der Kenner schätzt. Das Aroma, das unter anderem besonders besticht, trägt einen besonderen Namen: Umami.

Matcha und Umami

Umami, ein Abkömmling der Glutaminsäure, wurde bereits 1908 von dem japanischen Forscher Kikunae Ikeda beschrieben, aber erst kürzlich als eine fünfte Geschmacksqualität definiert; auch erst vor Kurzem entdeckte man, dass wir über eigene Geschmacksrezeptoren für Umami verfügen. Diese sind dafür verantwortlich, dass wir die subtilen Umami-Aromen des Matcha-Tees von samtig bis himmlisch empfinden – was auch zu dessen kulinarischer Verwendung geführt hat (siehe Kapitel Rezepte S. 66).

Umami leitet sich vom Japanischen „umai“ ab, was so viel wie fleischig, herzhaft und wohlschmeckend bedeutet.

■ Bitter ■ Sauer ■ Salzig ■ Süß ■ Umami

Woran man guten Tee erkennt

„Tee ist ein Kunstwerk und braucht eines Meisters Hand, um seine edelsten Eigenschaften zu offenbaren."
(Kakuzo Okakura, 1862–1913)

Die Kunst des Meisters – von Hand gefertigter Tee

Aus drei Kilogramm geernteten Teeblättern verbleibt nach kunstvoller Behandlung ein Edelprodukt von etwa 600 Gramm.

Ohne Sachkenntnis könnte man meinen, dass die getrockneten Teeblätter einfach in Säckchen abgefüllt werden. Dies trifft absolut nicht zu, es bedarf verschiedener Verarbeitungsschritte. Bei hochwertigen Tees braucht es die Handarbeit eines Meisters. In Japan gibt es nur noch einige wenige Teemeister, mittlerweile Herren reifen Alters, deren Hände exklusivsten Tee hervorbringen.

Vom Blatt zum fertigen Produkt – harte Arbeit

Das Gesicht des Teemeisters ist zerfurcht, seine kräftigen Arme und Hände zeigen die Spuren von viel Arbeit. Zunächst werden die mit Dampf behandelten Blätter in speziellen Vorrichtungen mit den Händen durchgeschüttelt, damit sie nicht zusammenkleben. Das dauert etwa 25 Minuten. Danach werden die Blätter im „Jyotan", einem Holzrahmen, mit zunehmendem Druck für etwa eineinhalb Stunden gerollt. In einem weiteren Vorgang werden die Brocken der Teeblätter auseinandergebrochen; danach folgen noch einige weitere Schritte bis zur Trocknung.

Die gesamte Prozedur, bei der die Blätter kunstvoll bearbeitet werden, dauert etwa vier Stunden. Teekenner vergleichen die Qualität des Tees mit der von Gemälden – es gibt gute und schlechte, so wie es guten und schlechten Tee gibt. Es gibt keine Patentregel, wie man Tee vollendet zubereitet, genauso wenig wie es eine Regel gibt, einen Rembrandt oder einen Monet zu malen.

Das Teebusiness – spannend bis zur letzten Sekunde

Für Außenstehende sind Teeauktionen, bei denen exklusive Meisterwerke versteigert werden, nicht zugänglich. Ich hatte das Glück, einen Einblick in das Business des Teehandels zu bekommen. Dabei zählt letztlich nur eines: Qualität und das Preis-Leistungs-Verhältnis. In einer riesigen Halle sind auf Tischen Teeproben aufgestellt: Teekraut zum Angreifen, kleine weiße Schalen mit Tee zum Kosten; jeder hat seinen persönlichen Löffel, mit dem er einen Schluck aus den Schalen nimmt und lautstark schlürfend verkostet. Für die Auktion gilt, dass jeder Tee gleich zubereitet wird: Aufgebrüht mit Wasser von 60 °C, lässt man die Blätter eine Minute lang ziehen. Kosten – beurteilen – dann wird gesteigert: Jeder Händler hat ein elektronisches Gerät, mit dem er wie bei einer Auktion bietet, ähnlich dem System von Ebay.

Wie man als Laie Qualität erkennt – was Profis verraten

Der Inhaber einer renommierten Teefirma kommt bei der Auktion sehr schnell zu einem Urteil. Er verrät mir sein Geheimnis: Die erste Entscheidung lässt sich dank reichlicher Erfahrung schon vor dem Verkosten fällen: Dabei nimmt er etwas Tee, lässt ihn durch die Finger gleiten, betrachtet die Konsistenz, die Farbe und testet den Geruch. Damit ist der Hauptteil der Diagnostik abgeschlossen. Ein Schluck dient lediglich der Bestätigung. Ich frage mich, wie man unter 20 Sorten Grüntee, die für mich alle gleich grün schmecken, den richtigen herauskosten kann. Ein Meister kann es. Ich beschließe, mich eher an Weinverkostungen zu halten.

Exklusive Grüntees werden nicht einfach irgendwie verkauft – das Beste der neuen Ernte ergattern Händler als Höchstbietende bei Teeauktionen.

Praktische Hinweise

Farbe

Die Farbe allein sagt nicht viel aus. Aber Farbe, Form und wie sich das Teeblatt anfühlt, sagt dem Kenner eine Menge über dessen Qualität.

Teebeutel oder nicht?

Wertvolle und hochwertige Teesorten sollte man nie in Beuteln zubereiten. Das Aroma kann sich nicht annähernd so entfalten wie bei frei schwimmenden Blättern.

Gefäße

Tee niemals in Metallgefäßen zubereiten, sondern in den üblichen Keramikkannen.

Wasser

Die Qualität des Wassers ist entscheidend für den Geschmack des Tees – Kenner sagen, zu 99 %. In Japan ist das Wasser weich, was dem Teegenuss entgegenkommt. Japanische Teevereinigungen empfehlen Wasser mit einem pH-Wert zwischen 6 und 7 und einem geringen Kalzium- und Magnesiumanteil. Letztere sollten unter 10 mg pro Liter liegen, was in Japan gegeben ist. In Europa hat man oft Werte zwischen 30 und 50 mg/l. Durch mineralstoffhaltiges Wasser wird gerade der unfermentierte japanische Tee leicht bitter und verliert stark an Aroma. Bei hartem Wasser sollte man mittels Geräten (Wasserstoff-Ionenaustauscher) für entsprechende Enthärtung sorgen. Mineralwasser ist aufgrund des hohen Mineralgehaltes und auch der Kohlensäure ungeeignet.

Merkmale für Qualität:

1. Schauen – Farbe, Blattgröße, Blattform
2. Fühlen – Teeblätter zwischen den Fingern fühlen
3. Riechen – Teeblätter riechen
4. Schmecken – den Aufguss testen wie bei einer Weinverkostung
5. Gute Qualität hat ihren Preis!

Wassertemperatur

Die Wassertemperatur soll zwischen 60 und 80 °C liegen. Eine genaue Anleitung wird bei exklusiven Teesorten mitgeliefert.

Bio oder nicht – der unvermeidbare Konflikt

An sich sollte die logische Formel lauten: Bio = bester Geschmack. Zu dieser Aussage bekommt man von einem japanischen Teehersteller keine begeisterte Zustimmung. Die Tücke liegt darin, dass bei Bioanbau mehr Schädlinge an das Teeblatt gelangen als mit entsprechender Spritzmittel-Vorsorge. Durch Schädlingsfraß wird das Blatt verletzt und bekommt Mikrowunden, die Narben hinterlassen. Und das mindert die Qualität und letztlich den Geschmack. Eine Tatsache, die auch beim Weinanbau relevant ist und sich enorm in Qualität und Preis niederschlagen kann.

Verpackung

Matcha findet sich meist in aufwändigen und kunstvollen Verpackungen. Das feine Teepulver ist letztlich in einen Kunststoffbeutel luftdicht eingeschweißt. Beim Öffnen ist ein feines „Blopp" zu hören, was nicht auf einen Fehler, sondern auf die Qualität des Inhaltes Rückschlüsse zulässt.

Aufbewahrung von Tee

Grundsätzlich schaden folgende Faktoren: Hitze, Feuchtigkeit, Luft, Licht und Gerüche. Deshalb kühl und trocken in gut verschließbaren Behältern wie Blechdosen oder dunklen Gläsern aufbewahren. Eine luftdichte Verpackung ist günstig für die Haltbarkeit, die einige Jahre beträgt. Am besten lagert man Grüntee und Matcha im Gemüsefach des Kühlschranks. Nachdem man den Tee aus dem Kühlschrank genommen hat, auf Raumtemperatur aufwärmen, bevor man die Packung öffnet. Sonst zieht der gekühlte Tee beim Öffnen Luftfeuchtigkeit an. Beim Einkauf ist es vorteilhaft, kleine Mengen (20 bis 100 g) zu erwerben, da das Risiko einer Qualitätsminderung geringer ist als bei größeren Packungen.

Traditioneller Wasserkessel mit Holzkelle

Chanoyu – die Teezeremonie

„Es liegt ein feiner Zauber im Geschmack des Tees, der ihn unwiderstehlich und für eine Idealisierung geeignet macht."
(Kakuzo Okakura, 1862–1913)

Tee zelebrieren – die Teegesellschaft

Die einfache Übersetzung des Wortes „Chanoyu" bedeutet nicht mehr als „heißes Teewasser". „Chanoyu" steht aber auch für die Teezeremonie: gemeinsames Teetrinken in einem festgelegten Rahmen mit bestimmten Abläufen – ein Kult und eine Kunst. Die Teezeremonie dient dazu, den Tee in vollendeter Form zuzubereiten und zu präsentieren.

Grüntee und Matcha sind für Japaner so etwas wie eine spirituelle Haltung.

Die Teezeremonie mit Matcha geht auf den Gründer der Tendai-shu-Schule, Saicho, zurück. Er baute um 805 n. Chr. in der Nähe von Kyoto chinesischen Tee an. Ab dem 11. Jahrhundert geriet der Brauch langsam in Vergessenheit und wurde erst Jahrhunderte später durch einige Persönlichkeiten wiederbelebt. 1564 zeichnete der Teemeister Rikyu die klassischen Regeln an die Wand des ersten Teehauses in Higashiyamaku. Die spannende Geschichte um den Tee ist im „Buch des Tees" des oft zitierten Kakuzo Okakura nachzulesen.

Das Teehaus

Theoretisch kann eine Teezeremonie überall stattfinden. Aber ab dem 16. Jahrhundert diente ein durch einen Vorhang abgetrennter Teil des Empfangszimmers dieser Feierlichkeit. Später wurde als Teeraum ein eigenes kleines Häuschen gebaut. Wohnraum ist in Japan extremer Luxus – daraus kann man den Stellenwert eines eigenen Raumes nur allein für den Teegenuss ableiten. Außerdem müssen Baumaterialien und Ausführung hochwertig sein, sodass ein Teeraum mehr kostet als ein gewöhnliches Wohnhaus.

Der Teeraum ist schlicht gehalten – er leitet sich von der Schlichtheit der Zen-Klöster ab, die nur als Wohnung für die Mönche dienten. Nicht nur äußerlich, auch inhaltlich haben Teezeremonie und der Ritus der Zen-Mönche zahlreiche Parallelen aufzuweisen.

Die Grundprinzipien der Teezeremonie: Harmonie – Respekt – Reinheit – Stille

Normalerweise erstreckt sich eine Teezeremonie über viele Stunden. Lediglich für Touristen gibt es eine Ausführung im Gelenke schonenden Zeitraffertempo. Allerdings ist der Charme dieser verkürzten Zeremonie eingeschränkt – so als würde man eine Wagner-Oper auf zwanzig Minuten zusammenschneiden.

Die Zeremonie – wo die Zeit stehen bleibt

Die Zeremonie beginnt schon außerhalb des Raumes im Freien – in einer kunstvoll angelegten Gartenanlage. Händedesinfektion, Ausziehen der Schuhe, dann das Betreten des Heiligtums. Man kann dies nicht als Betreten bezeichnen – es handelt sich nämlich darum, dass man durch eine kleine Öffnung kriecht und quasi in den Zeremonienraum hineinplumpst. Der enge Zutritt garantiert, dass man nichts mitnehmen kann und sich in eine demütige Haltung versetzt. Im kleinen Zeremonienraum wird einem ein Platz am Boden zugewiesen. Nach einer genauen Sitzordnung kniet man nicht gerade bequem am Boden. Haben sich alle Teilnehmer auf den Kissen verteilt, startet das Zeremoniell mit verschiedenen Szenen, Gesten und Riten, die der Laie nur vage zu deuten vermag. Alles und jeder Handgriff, jede Bewegung hat eine Bedeutung und alles läuft nach einem unsichtbaren Protokoll ab. Höhepunkt ist das Herumreichen einer Schale mit dem schaumigen Wundergrün. Wie bei der Eucharistie trinken alle aus einem Gefäß. Das Spektakel wird schließlich mit einer würdigen Abschlussszene beendet. Das schier endlose Lächeln und Verbeugen der prächtig dekorierten Damen begleitet uns Unwissende nach draußen.

Aufguss von Matcha-Pulver mit der Holzkelle

Die Teezeremonie heute

Die Teekunst spielt auch im modernen Japan eine große Rolle. Drei große Schulen vermitteln interessierten Menschen die Grundzüge dieser ehrwürdigen Tradition. Sie kann auch mit Utensilien durchgeführt werden, die für den Durchschnittsverdiener erschwinglich sind. Dasselbe gilt auch für den Rest der Welt. Der Ausdruck „Teegesellschaft" vermittelt einen etwas weniger strengen Eindruck einer Kultur, die für viele Menschen wichtig geworden ist – gemeinsam den gehobenen Genuss in erlesener Gesellschaft zelebrieren. Dabei erfährt man den philosophischen Hintergrund der Zeremonie: „Der Weg des Tees" – man lernt nie aus, sondern ist nur ein Stück weiter auf dem Weg.

Japanischer Grüntee – eigentümlich wie japanische Musik

Der Genießer englischen Schwarztees (mit Milch und Zucker) tut sich mit dem Genuss von purem Grüntee schwer. Er muss seine Geschmackserwartung umprogrammieren, um nicht einfach nur „grün" zu schmecken.

Sich auf den japanischen Teegeschmack einlassen

Weinverkostungen beginnt man nicht mit dem exklusivsten Barrique – damit Geschmack zum Erlebnis wird, bedarf es bestimmter Voraussetzungen. So ist es auch bei japanischen Grüntees. Wie schon erwähnt, ist Japan eine Welt für sich, auch betreffend Geschmack. Nicht jeder mag spontan japanische Musik, Kunst, Sushi oder Misosuppe. Eine Eingewöhnung in fremde Genüsse ist machbar, wenn man das will.

Sencha ist vergleichsweise ein leichter Tischwein, Matcha ein schwerer, reifer Barrique.

Da lächelt Beethoven

Als ich als Student in einer englischen Gruppenpraxis hospitierte, wollte man mir, dem Fremdling aus dem Mozart-Country, eine besondere Freude bereiten. Immerhin war ich der erste Student aus Austria seit Bestehen dieser Surgery. Nebenbei fragte man mich hinter vorgehaltener Hand, ob der Kaiser noch wohlauf sei. Mit einer Tasse Kaffee wollte man mir eine besondere Freude bereiten. Man bemühte sich, einen besonders guten Kaffee zu brauen – offenbar hatte man das vorher noch nie versucht: Das leicht gefärbte Wasser hatte vielleicht eine Bohne vorbeifliegen gesehen und schmeckte mehr als dünn. Ich habe mir die Bemerkung verkniffen, dass Ludwig van Beethoven 60 Kaffeebohnen abgezählt hat – für eine Tasse Mokka, nicht für einen Liter Kaffee. Im Gegensatz zu meinem Leichtgetränk hatte der von den Damen getrunkene englische Tee die Schwärze des Wiener Espresso.

Die Utensilien für die optimale Zubereitung von Aufgusstees

1. Teekanne – nur für Grüntee, nicht für andere Getränke verwenden
2. Teeschalen
3. Weiches Wasser
4. Ein temperaturregelbarer Wasserkocher (40, 60, 80, 100 °C)

Wie Tradition prägt

Das Erlebnis in England zeigt, wie sehr Genuss durch Tradition und Kultur geprägt wird. Englische Teesitten – für Japaner ein Gräuel. Gunpowder mit Minze und irren Mengen Zucker versetzt – für Nordafrikaner der Himmel.

Die optimale Zubereitung von japanischen Blatttees

Die Zubereitung des japanischen Blatttees scheint simpel zu sein. Jedoch sind Details wie die Härte und die Temperatur des Wassers ganz entscheidend für den Geschmack.

Eine Studie zeigt, dass sich nach drei Minuten Aufgusszeit die Konzentration der biologischen Wirkstoffe nicht mehr steigert. Ein weiterer Hinweis auf den richtigen Trinkmoment ist die Optik: Sobald sich die Teeblätter hellgrün verfärben, ist der Tee trinkfertig. Auffallend ist, wie die Teeblätter im Wasser aufquellen und ihr Volumen sich erstaunlich vergrößert. Diese Tatsache könnte den Nichtkenner dazu verleiten, wesentlich weniger Tee zu verwenden. Das geht aber analog dem Kaffeebeispiel auf Kosten des Aromas und der Wirkung!

Kleinigkeiten entscheiden über Genuss oder Verdruss. Die kompliziert anmutenden Anleitungen machen Sinn und sollten beachtet werden.

Die Steigerung nach Sencha: Gyokuro – Perlentau

Zu besonderen Gelegenheiten wird der kräftige und aromatische Gyokuro kredenzt. Er ist teurer als Sencha und enthält relativ viel Koffein. Er wird etwa vier Wochen vor der Ernte mit Planen abgedeckt. Die Zubereitung ist ähnlich wie bei Sencha, jedoch sollte das Wasser nur 50 bis 60 °C heiß sein.

Sencha-Zubereitung kurzgefasst

› Dosierung: Pro Person und Tasse 5 g (= 1 EL)
› Wasser von etwa 60 bis 70 °C
› 2 bis 3 Minuten ziehen lassen
› Ohne Milch oder Zucker genießen!

(Diese Zubereitung ist für eine 180-ml-Portion gedacht, eine Senchatasse fasst 60 ml.)

Die richtige Menge macht's

Die üppige Menge an Tee, die für einen Aufguss verwendet wird, mutet verschwenderisch an. Man sollte dabei aber die japanische Tradition bedenken: Nach dem ersten Aufguss werden die Teeblätter nicht weggeworfen, sondern mehrmals verwendet; man gießt die schon verwendeten Teeblätter nochmals mit heißem Wasser auf.

Grüntee essen – eine neue Dimension

Das Wiederverwerten kann mehrmals erfolgen – in Japan bis zu acht Mal; ich begnüge mich mit vier Mal. Mit jedem Aufguss wird der Tee milder und enthält weniger Koffein. Als Grundregel gilt: Ab dem zweiten Aufguss ein etwas heißeres Wasser verwenden, aber kürzer ziehen lassen, da sich die Teeblätter bereits entfaltet haben. Die gebrauchten Teeblätter kann man, statt sie zu entsorgen, mit Sojasoße beträufeln und essen. Das schmeckt lecker, ähnlich wie Spinat, und tut der Darmflora gut. Als Grundregel sollte man beachten: Lieber etwas mehr Tee nehmen als zu wenig!

Wie das Aroma am besten zur Geltung kommt

Zur Entfaltung des Aromas lässt man die Teeblätter am besten in der Kanne schwimmen. Der Tee wird durch ein Sieb ausgeschenkt. Teefilter aus Papier oder Baumwolle können den Geschmack reduzieren und sind für hochwertige Tees verpönt.

Grüntee und Verträglichkeit – keine Wirkung ohne Nebenwirkung?

So wie manche Menschen Kaffee schlecht vertragen, besteht diese Möglichkeit auch bei Grüntee und Matcha; was allerdings selten vorkommt und darin begründet ist, dass man eine hochkonzentrierte Lösung zu sich nimmt. In diesem Fall sollte man für ein paar Tage den Tee einfach verdünnt trinken, bis sich die Magenschleimhaut daran gewöhnt hat.

Tee und Sucht

Im Gegensatz zu Nikotin und Alkohol ist das Suchtpotenzial bei Grüntee zu vernachlässigen. Natürlich bemerkt man, wenn man größere Mengen Tee regelmäßig trinkt und dann absetzt, einen Abfall an Vitalität.

Milch und Zucker – nur eine Geschmacksfrage?

Dieses besonders wichtige Thema wird ab Seite 53 behandelt.

Grüntee in der Gastronomie

Die Teekultur in der Gastronomie ist meist verkümmert. Gibt es einen Samowar, muss man ihn auf niedrige Temperatur einstellen.

Tee und Biorhythmus

Nach 16 Uhr sollten Sie Grüntee oder Matcha nicht mehr trinken, da ansonsten eine schlaflose Nacht möglich ist. Also anders als die englische Teatime um etwa 17 Uhr.

Teehaus Douchu An

Matcha – die Krone der Teeschöpfung

Matcha wird nur aus hochwertigsten Teeblättern erzeugt; diese werden durch ein aufwändiges Herstellungsverfahren in eigenen Fabriken zu einem Spitzenprodukt veredelt.

Uji – die Wiege von Matcha

Matcha benötigt nicht nur die spezielle Herstellungstechnik, sondern auch besondere Bedingungen, um wachsen zu können: Genügend reines Wasser und reichhaltige Erde, die das Wasser gut dosiert speichert. Die Temperaturunterschiede zwischen Tag und Nacht müssen ausreichend sein, damit etwas Nebel entstehen kann. Der Nebel verhindert die direkte Sonneneinstrahlung auf das Teeblatt. Der Tee wächst langsamer und bleibt weich und süß. Diese optimalen Bedingungen sind in der Region Ujicha bei Kyoto, der Wiege von Matcha, vorhanden. Außerdem ist eine aufwändige Pflege der Teebüsche erforderlich, damit diese junge, theaninproduzierende Wurzeln bilden. Nur einige hundert Teebauern haben das Know-how und die klimatischen Voraussetzungen für den Anbau von Matcha.

Nur die Spitze ist spitze

Beim Pflücken von Teeblättern können unterschiedlich viele, abgezählt von der Spitze des Zweiges, abgezupft werden. „Niyou Tsumi" – das sagt aus, dass lediglich die letzten zwei Blätter von der Spitze des Teeblattes gepflückt werden. Daraus werden die besten Qualitäten von Matcha, Gyokuro und Sencha erzeugt. Die nächste Stufe sind drei abgepflückte Blätter, dann „Hutsu Tsumi", was so viel heißt wie „normales Pflücken", bei dem bis zu fünf Blätter abgezupft werden. Tee kann etwa drei Mal in einem Jahr geerntet werden – beginnend im April und endend mit der dritten Ernte im August.

Für Matcha werden nur die zwei letzten Blätter der Sorte Tencha verwendet, und zwar von nur einer Ernte pro Jahr – dies garantiert die höchste Qualität.

Ein Besuch in der Matcha-Teefabrik

In Japan gibt es ein knappes Dutzend Matcha-Fabriken. Die von mir besuchte ist ein unscheinbares Gebäude inmitten einer ländlichen Siedlung nahe Kyoto. Am Weg zur Fabrikshalle gleitet mein Blick in eine Art Wohnzimmer – aber es scheint das Büro zu sein. Typisch, denke ich, denn Japaner sind mit ihrem Büro wahrscheinlich enger verbunden als mit ihrer Wohnung. Die Fabrik mutet etwas altertümlich an – mehr als etwa 25 Jahre hat sich hier substanziell nicht viel verändert. „Lediglich Verschleißteile werden ersetzt, das ist Tradition, Gott sei Dank!", so der Kommentar des Firmeninhabers. Zunächst werden die geernteten Teeblätter des Tencha-Tees kurz über Dampf gefahren und danach in Spezialöfen behutsam getrocknet. Dies verhindert die Oxidation der Blätter, die gleich danach zerkleinert werden, also im Gegensatz zu anderen Teesorten nicht gerollt. Danach werden die Blätter von den Stielen getrennt, sodass nur das Blattfleisch übrig bleibt. Nach einem weiteren Trocknungsprozess, der für das Aroma wichtig ist, werden alle störenden Blattteile entfernt. Danach geht es zum aufwändigsten Teil der Produktion, den Steinmühlen. Wir tauschen unsere Schuhe gegen spezielle Hausschuhe. In einer Halle stehen Dutzende grüne topfartige Gebilde, an denen sich langsam einige Teile drehen. Feinster grüner Staub bedeckt alles. Der Mahlvorgang macht aus den vorgefertigten Teeblättern diesen feinsten, kostbaren Staub – die Teilchengröße liegt bei 5 bis 17 Mikrometer. Es schaut alles sehr simpel aus, aber der Prozess bedarf genauer Kontrollen und entsprechenden Know-hows.

In Serie geschaltete Matcha-Steinmühlen

Matcha schmecken

Beim ersten Verkosten von Matcha gilt: genussvoll lächeln, auch wenn der erwartete Aha-Effekt etwas zu wenig eindrucksvoll ausfällt. Beim nächsten Mal wird es bestimmt besser! Man schmeckt dann nämlich „duftig, schaumig, aromatisch, lieblich, cremig, blumig, würzig, himmlisch“... und vieles mehr! Diese Aromapalette ist zu einem wesentlichen Teil auf den Umami-Geschmack von Theanin und den Katechinen zurückzuführen. Die praktische Anwendung des Geschmackserlebnisses findet sich in den köstlichen Matcha-Rezepten ab Seite 66.

Eine Steinmühle liefert in einer Stunde nur zirka 30 Gramm Teepulver – etwa so viel, wie in einer üblichen Handelspackung enthalten ist.

Qualitäts- und Preisunterschiede bei Matcha

Im Teehandel werden im Großen und Ganzen etwa fünf Matcha-Preisklassen angeboten, wobei jedes Geschäft sein individuelles Sortiment hat; zusätzlich gibt es auch noch Matcha zum Verkochen – Kakoyo Matcha.

Matcha richtig zubereiten

Die Schritte in der richtigen Reihenfolge:

1. Zunächst die Schale mit heißem Wasser füllen und den Chasen (Besen) hineingeben. Diesen etwa 15 Minuten einweichen, danach das Wasser ausschütten.
2. Eine Portion, das entspricht zwei Messlöffeln (= ca. 3 g), hineingeben.
3. Danach 60 ml Wasser (4 EL) mit 80 °C dazugeben und kurz mit dem Chasen rühren, bis eine dicke, homogene Masse entsteht. Dabei den Chasen mit den ersten drei Fingern der rechten Hand umschließen. Die linke Hand hält die Schale.
4. Im Stehen tut man sich dabei leichter, der Arm sollte gestreckt sein und die Bewegung nur aus dem Handgelenk erfolgen. Dabei sollte der Besen den Boden der Schale nicht berühren. Mit einer raschen Hin- und Herbewegung des Handgelenkes (als würde man ein M schreiben) die flüssige Masse etwa zwei Minuten schlagen, bis die Oberfläche schaumig ist und kleine Blasen zu sehen sind. Dann zieht man den Chasen aus der Schale, sodass ein kleiner Gupf entsteht – entsprechend der Crema des Espresso.

Was man trinkt, ist nicht nur das flüssige Pulver; im Gegensatz zum aufgebrühten Tee, bei dem nur die wasserlöslichen Anteile in Lösung gehen, wird bei Matcha das Teeblatt als Ganzes verzehrt. Zur Steigerung des Genusses isst man traditionell vor der Matcha-Zeremonie einen kleinen Keks oder eine ähnliche Süßigkeit.

Matcha ist eine ganz spezielle Geschmackswelt für absolute Teefreaks. Diese unterscheiden zwischen Usucha („dünner Tee") von geringerer Qualität und Koicha („dicker Tee") von guter Qualität. Letzterer ist etwas süßlich im Geschmack und wird mit weniger Wasser als üblich zubereitet – die Crème de la Crème von Matcha.

Die Utensilien für Matcha

- Ein Keramikgefäß in der Größe einer Müslischale
- Ein Messlöffel (Chashaku)
- Ein Bambusbesen (Chasen)

Wer sich Matcha gönnt, darf nicht am Zubehör sparen – für Schale, Chashaku und Chasen gibt es keinen Ersatz!

Wie Matcha wirkt – ein biochemisches Meisterwerk der Natur

Katechine, Polyphenole und Antioxidantien sind die Modeworte der letzten Jahre. Bekanntlich haben diese mit Anti-Aging, Vitalität und Schönheit zu tun.

Oxidation – das „Rosten" der Zelle

Oxidation im ursprünglichen Sinn ist die Reaktion eines Stoffes mit Sauerstoff. Wird ein Apfel kurz nach dem Anschneiden braun, geht dies auf die Oxidation der Oberfläche mit Luftsauerstoff zurück. Verantwortlich dafür ist das Enzym Phenolase, das die Phenole des Apfels abbaut. Wie jede Hausfrau weiß, verhindert etwas Zitronensaft dieses Braunwerden – ein Beispiel für ein Antioxidans; analog dazu „verbrennt" unser Körper die Nahrung, die wir zu uns nehmen. Oxidation entsteht bei Muskelleistung ebenso wie bei der Verdauung von Nahrung – die Reaktionen in unserem Körper, bei denen Sauerstoff beteiligt ist, sind mannigfaltig und lebenswichtig. Sie haben aber den Nebeneffekt, dass ein Zuviel zu schädlichen Stoffen führt, die mitunter recht radikal sein können – freie Radikale.

Ein Ungleichgewicht zwischen Oxidation und Reduktion in unseren Zellen nennt man auch „oxidativen Stress".

In der modernen Chemie spricht man von Oxidation, wenn ein Atom Elektronen abgibt. Beim Gegenteil, der Reduktion, wird ein Elektron aufgenommen. Normalerweise halten sich beide in der Waage, man spricht daher von Redox-Reaktionen. Diese Reaktionen laufen in unserem Körper in allen Geweben, im Blut und auch in jeder einzelnen Zelle ab. Beim Gesunden besteht ein Gleichgewicht zwischen dem Angebot an Sauerstoff und dessen Oxidation.

Bei einem Überschuss an sauerstoffhaltigen Verbindungen reagieren diese aggressiv mit anderen Stoffen wie Proteinen, Nukleinsäuren oder Lipiden, indem sie diesen ein Elektron entreißen – es entstehen „freie Radikale".

Was freie Radikale anrichten können

Ort	Schaden
Lipide	Schädigung der Membran, Gefäßverkalkung
Proteine	Zellschädigung, Tumorrisiko erhöht
Kohlenhydrate	Eindickung der Gelenksflüssigkeit
DNA (genetische Information in der Zelle)	Mutation, Krebsauslösung

Wodurch freie Radikale entstehen

Freie Radikale entstehen durch den normalen Stoffwechsel – dabei werden sie ohne Probleme abgebaut. Erst durch deren Überschuss werden sie bedenklich: Dieser entsteht durch ungesunde Ernährung, Umweltbelastungen, Zigarettenrauch, Alkoholkonsum, körperliche Belastung und natürlich dann, wenn wir erkranken. Sehr vereinfacht ausgedrückt, läuft Zelloxidation auch bei dem Vorgang ab, den wir Entzündung nennen.

Freie Radikale ohne Ende – das abendliche Barbecue

In Südafrika kann man den absoluten Grill-Himmel erleben. Herrliche Abendstimmung im Freien, Holzkohlengrill und dazu Fleisch, riesenlange Würste und die üblichen Beilagen. Die auch als „Meterwurst" bezeichnete Schlange kommt ohne Ende vom Grill auf den Teller. Hier darf man nicht an freie Radikale denken: Eine Studie zeigt, dass stark gebratenes oder gebackenes Fleisch zu schädlichen Stoffen führt, den „Advanced Glycation Endproducts" (= AGEs, fortgeschrittene Glykogen-Endprodukte), also den Endprodukten des Glykogenabbaus. Es kommt also nicht nur auf den Rohstoff, sondern auch auf dessen Zubereitung an. Interessant, dass Grillen das Image von gesund hat.

Wie die freien Radikale bekämpft werden können

Die freien Radikale, die für eine schädliche Oxidation verantwortlich sind, können durch die körpereigene Abwehr, unterstützt von Antioxidantien, neutralisiert werden. Letztere finden sich bereits in der Muttermilch, in unseren Organen, aber auch in vielen Obst- und Gemüsesorten.

Viel hilft nicht viel

Lebensmittelchemiker setzen Antioxidantien gezielt als Haltbarmacher ein. Dabei wissen sie, dass es nicht auf deren absolute Menge ankommt, sondern auf den gezielten Einsatz mit der passenden Dosierung. Ebenso ist es beim Menschen: Wenig sinnvoll ist es, massenweise exotische Beeren oder Fruchtcocktails zu sich zu nehmen. Voraussetzung für die Wirkung der Antioxidantien ist, dass die notwendigen Bausteine vorhanden sind. Diese Bausteine sind biochemisch vollkommen unterschiedlich und deshalb auch nicht direkt miteinander vergleichbar.

Ein Versuch, Antioxidantien in ihrer Wirkung vergleichbar zu machen, war die Schaffung des Orac-Wertes (Oxygen Radical Absorption Capacity). Er ist ein Maß für die Fähigkeit eines Stoffes, freie Radikale zu neutralisieren – ein hoher Orac-Wert ist besser als ein niedriger. Leider ist noch nicht bewiesen, dass die Reaktionen im Labor auch so im Menschen stattfinden. Deshalb ist der Orac-Wert bestenfalls eine Leitlinie für die Beurteilung der biologischen Fähigkeiten unserer heilenden Nahrungsmittel. Immerhin verfügt Matcha-Tee über den enorm hohen Orac-Wert von etwa 1500 mikromoleTE/g; vergleichsweise kommt Acai-Beerenmark auf etwa 1100, Chilipulver auf 236, Schokolade auf ca. 100 bis 400, roher Granatapfel auf 45, rohe Goji-Beeren auf 33 und die rohe Mangostan-Frucht auf 25 Einheiten.

Bei einer gesunden Ernährung sollten theoretisch genügend Antioxidantien vorhanden sein. In der Praxis zeigt sich leider, dass unsere Nahrung oft recht minderwertig statt hochwertig ist.

Zu früh gefreut: Niemand sollte aufgrund des Orac-Wertes kiloweise Schokolade essen!

Bei Vergleichen von Orac-Werten muss man auf die Angabe der Menge (100 g oder 1 g) sowie auf das untersuchte Material achten. Zwischen roher Frucht und Saft bestehen oft erhebliche Unterschiede!

Fazit: Nicht die Menge, sondern die Ausgewogenheit der Vitalstoffe ist unerlässlich für deren biologische Wirkung – vergleichbar mit einem Orchester, in dem alle Instrumentengruppen ausgewogen vertreten sein müssen. Diese ideale Zusammensetzung ist bei Matcha-Tee gegeben, was ihn besonders hochwertig macht.

Was als Antioxidans wirkt

- Vitamine A, C, E
- OPC (Oligomere Proanthocyanidine, zu den Flavonoiden gehörende Pflanzenstoffe)
- Karotinoide, Betacarotin (Vitamin-A-Vorstufe)
- Coenzym Q 10
- Zink
- Chlorophyll (grüner Pflanzenfarbstoff)
- Flavonoide (Pflanzenfarbstoffe, etwa 8000 verschiedene)
- Polyphenole und Katechine (z. B. in Grüntee)

Was Matcha einzigartig macht

Der „Espresso unter den Grüntees", wie Matcha auch bezeichnet wird, ist ein Kraftpaket ersten Ranges; vieles an diesem Stoff ist wirklich einzigartig!

1. Einzigartig – die Geschichte

Kaum ein Heil- und gleichzeitig Genussmittel hat eine derartig lange und interessante Geschichte; dazu kommt die Tatsache, dass die lange Tradition des Matcha-Tees bis in unsere Zeit in vielen Teilen der Welt nahezu unbekannt geblieben ist.

2. Einzigartig – die Qualität des Rohstoffes

Matcha wird aus den allerbesten Teespitzen gewonnen, die nur einmal im Jahr geerntet werden. Tencha, der für Matcha verwendete Tee, ist nur in wenigen Regionen Japans mit einem besonders günstigen Klima zu kultivieren.

In einem Gramm Matcha-Tee sind enthalten:

› Katechine (total)	105 mg	› Vitamin A	291 IE
› Epigallocatechingallat (EGCG)	61 mg	› Vitamin E	0,18 mg
› Aminosäuren (total)	34 mg	› Kalium	26 mg
› L-Theanin	14 mg	› Calcium	3,3 mg
› Koffein	35 mg	› Eisen	0,13 mg
› Faserstoffe	318 mg	› Karotin	0,3 mg
› Kohlenhydrate	447 mg	› Chlorophyll	8 mg
› Vitamin C	1,7 mg	› Orac-Wert	1500 Mikromol TE/g

3. Einzigartig – die Gesamtheit der zusammenwirkenden Bestandteile

Die Liste der chemischen Bestandteile von Matcha zeigt eine Vielzahl an Inhaltsstoffen. Die Gesamtheit ist aber weit mehr als die Summe der Teile, nämlich die

Kombination von Koffein, L-Theanin, Katechinen und Vitalstoffen – und das Ganze praktisch ohne Kalorien. Katechine, ebenfalls Antioxidantien, kommen mit etwa 8 bis 15 Prozent ausschließlich im Grüntee und Matcha vor.

4. Einzigartig – die Zubereitung, die alle Wirkstoffe verwertbar macht

Erst durch das Aufschlagen mit dem Chasen (Bambusbesen) und den Kontakt des Pulvers mit dem Sauerstoff in der Luft entfaltet das pulverisierte Teeblatt seine volle Wirkung. Die Besonderheit von Matcha besteht darin, dass das gesamte Teeblatt mit allen Inhaltsstoffen aufgenommen und vom Körper verwertet werden kann.

5. Einzigartig – ein Heilmittel ohne Nebenwirkung

Kaum ein Medikament kann mit den außergewöhnlichen Eigenschaften von Matcha mithalten. Die Verträglichkeit ist einzigartig und die Einnahme ist zusätzlich ein Genuss. Praktisch kein synthetisches Mittel ist frei von Nebenwirkungen, die in Kauf genommen werden müssen. Das fällt bei Matcha zur Gänze weg.

Frühstück in der Puppenküche

Das erste japanische Frühstück ist ein Erlebnis, das dem Japan-Neuling lange in Erinnerung bleibt. Auf einem Tablett finden sich einige winzige Schälchen mit unbekanntem Inhalt sowie eine große Schale mit weißem Brei. Ich dürfte diese Art von Puppenküche so hilflos angeschaut haben, dass sich eine einheimische Dame meiner erbarmte und mir praktische Tipps zum Verzehr gab. Ich ließ mir ob der geschmacklichen Eigenheit nichts anmerken, freute mich aber umso mehr auf eine Tasse Tee. Japanische Touristenhotels bieten mittlerweile, quasi als Zugeständnis und verschämt in einer Ecke versteckt, Beigaben wie Milch, Zitrone oder Zucker an. Letzterer versüßte mir die ziemlich puristische Angelegenheit.

Für Nicht-Japaner ist es selbstverständlich, dass Tee mit diversen Zutaten versetzt wird – Milch, Zucker, Zitrone.

6. Einzigartig – die puristische Form des Genießens

Für den gesundheitlichen Nutzen von Matcha bedarf es der richtigen Zubereitung und des Genusses in der beschriebenen Form. Dass die puristische Form des Tee-Genießens ohne Milch oder Zucker nicht nur durch geschmackliche Aspekte begründet ist, wird durch eine Studie an der Berliner Charité belegt. Man fand heraus, dass Schwarztee durch die Beigabe von Milch nicht mehr seine volle biologische Wirksamkeit entfalten kann. Die positiven Effekte der Polyphenole auf die Gefäße ergeben sich durch eine erhöhte Produktion von Stickstoffmonoxid, das die Gefäße entspannt und damit die Durchblutung verbessert. Durch drei Kaseine der Milch wird diese Reaktion blockiert.

7. Einzigartig – die konzentrierte Wirkung

Eine Tasse Matcha entspricht in seiner biologischen Wirkung etwa der von zehn Tassen japanischen Blatttees (Sencha). Obwohl Matcha etwa fünfmal so viel Koffein enthält wie Kaffee, wirkt er nicht aggressiv. Matcha hat 137-mal mehr Katechine als herkömmlicher chinesischer Grüntee.

8. Einzigartig – wie man Matcha im Hausgebrauch zelebriert

Das Wichtigste sind Zeit und Muße. Matcha passt als Abschluss eines festlichen Mahles – so wie bei uns ein exklusiver Dessertwein oder Cognac angeboten wird. Man kann ihn aber auch einfach so genießen, sollte aber in jedem Fall vorher eine kleine Süßigkeit reichen.

Eine Hand hält die Tasse unten, die andere seitlich.

Ein derart exklusives Getränk kann nicht einfach so nebenbei getrunken werden.

Heilmittel Matcha – wo es am besten hilft

„Medizin war der Tee zuerst, Getränk wurde er danach."
(Kakuzo Okakura, 1862–1913)

„Die Dosis macht das Gift" – auch bei Grüntee

Fragt man einen Japaner, was er für seine Gesundheit vorbeugend tut, erhält man oft folgende Antwort: „Ich trinke regelmäßig unseren Tee (Sencha), das ist meine tägliche Gesundheitsvorsorge ..." Die Heilwirkung von japanischem Tee wurde in den meisten Fällen bei regelmäßiger, täglicher Einnahme von etwa drei bis sechs Tassen Grüntee oder einer Tasse Matcha beobachtet. Das entspricht etwa 50 bis 200 mg Katechine.

Die gesundheitlichen Wirkungen im Detail

1. Matcha – Regulator für das Gehirn

Gehirn und Nervensystem, Konzentrationsstörungen, Schlafstörungen, Gedächtnisschwäche

Bis heute ist die ursprünglichste Anwendung, nämlich die Wirkung auf das Gehirn, eine der Hauptanwendungen von Grüntee geblieben. Was bei der Unterstützung der Meditation durch Grüntee passiert, ist eine spannende Angelegenheit: Die Verlangsamung der Hirntätigkeit in den Alpha-Rhythmus ist die Vorstufe zum Einschlafen. Nun ist Einschlafen beim Meditieren nicht gerade erstrebenswert – ein Problem, mit dem man im Stadium des reduzierten Wachbewusstseins zu kämpfen hat. Hier genau setzt die Wirkung von Koffein und Theanin an – es lässt die Meditation zu, verhindert aber das Einschlafen. Dieses Zweigespann mit teilweise einander ergänzenden, teilweise gegensätzlichen Wirkungen macht das Besondere von Matcha aus.

Stressreduktion

Matcha hilft bei der Stressreduktion und bei Konzentrationsschwierigkeiten. Neue Studien zeigen, dass die Polyphenole des Grüntees die Wahrnehmungsfunktion des Gehirns verstärken. Ebenfalls neue Laborforschungen der Universität Newcastle zeigten, dass hohe Konzentrationen von Grüntee eine schützende Wirkung auf Nervenzellen ausüben.

Die Krankheit von Professor H.

Wenn jemandem etwas zustößt, kommt es sehr darauf an, um wen es sich handelt – Promis sind hier eindeutig bevorzugt. Ähnlich ist es, wenn jemand von einer Krankheit befallen wird: Nachdem die seltene Krankheit Amyloidose einen ärztlichen Professor mit 79 Jahren ereilte, wurde die Sache ein wichtiges Thema. Umso mehr, weil ein Schulmediziner es mit Grüntee versuchte. Bei dieser unheilbaren Krankheit kommt es zu Eiweißablagerungen in Geweben, was zur Verhärtung von Organen und schließlich zum Tod führt. Nach konsequenter Einnahme von täglich zwei Litern Grüntee geschah das Wunder: Die Beschwerden von Professor H. wurden besser und die Ablagerungen gingen zurück. Die Geschichte gab einen Anstoß zu weiterer intensiver Forschung.

Depressive Verstimmungen

Eine leicht stimmungsaufhellende oder antidepressive Komponente ist zu beobachten sowie eine Verbesserung des Schlaf-Wach-Rhythmus.

Amyloidose, Morbus Alzheimer, Morbus Parkinson

Ein ähnliches Phänomen wie bei der Amyloidose wurde bei Nervenleiden wie Morbus Alzheimer und Morbus Parkinson beobachtet. In einem Zellkulturmodell konnte man feststellen, dass Epigallocatechingallat (EGCG) auf Amyloidfibrillen, die fasrigen Verklumpungen von Eiweißen, auflösend wirkt. Deshalb ist eine verzögernde und vorbeugende Wirkung bei diesen Krankheiten anzunehmen.

Schlaganfall

Bei Personen, die mindestens drei Tassen Grüntee pro Tag trinken, reduziert sich das Risiko für einen Schlaganfall um 21 %.

2. Matcha – der Saubermacher

Antibiotika-Wirkung

Laut einer Studie der Universität Alexandria verstärkt Grüntee die Wirkung von Antibiotika um etwa das Dreifache. Deshalb ist dieser eine gute Ergänzung zur Antibiotikatherapie – im Gegensatz zu Joghurt, das nach neuen Erkenntnissen kontraproduktiv wirkt.

Zahnfleisch, Karies, Mundgeruch

Zahnfleischprobleme werden unter anderem durch in der Mundschleimhaut vorkommende Mikroorganismen verursacht (Porphyromonas gingivalis). Diese setzen Enzyme frei – sie und die Alpha-Amylase des Speichels werden durch Grüntee reduziert. Außerdem konnte die Wissenschaft den Schutz vor Karies mittels Grüntee bestätigen, was auch auf die in ihm enthaltenen Fluorverbindungen zurückzuführen ist.

Gastritis, Sodbrennen, Helicobacter pylori

Bei Magenleiden oder Empfindlichkeit des Magens, Sodbrennen oder Gastritis kann Grüntee beruhigend wirken. Seine keimtötende Wirkung ist auch bei dem nur mit starken Medikamenten bekämpfbaren Magenkeim Helicobacter pylori hilfreich, indem er dessen Ansiedlung hemmt.

Blähungen, Völlegefühl, Reizdarmsyndrom, Durchfallerkrankungen (Salmonellen, Typhus), Candida-Pilzbefall des Darmes

Bekannt wurden die positiven Eigenschaften des Grüntees durch die Besserung von Durchfallerkrankungen wie Typhus, aber auch bei Salmonellenbefall. Das Bemerkenswerte daran ist, dass grüner Tee die körpereigene Darmflora nicht irritiert, sondern nur „böse Eindringlinge", also krankmachende Koli-Bakterien, bekämpft. Das gilt auch für Problem-Darmpilze wie Candida und ähnliche.

CED (chronisch entzündliche Darmerkrankungen), Morbus Crohn, Colitis ulcerosa

Diese Krankheiten sind gekennzeichnet durch eine chronische Entzündung der Darmschleimhaut, die blutig-schleimige Stühle und ein mehr oder weniger schweres Krankheitsgefühl verursachen. Tierversuche zeigten, dass Epigallocatechin-3-Gallat (EGCG) einen sehr positiven Einfluss auf die Entzündung ausübt. Verstärkt wird diese Wirkung durch Piperin, den Hauptwirkstoff des schwarzen Pfeffers.

3. Matcha – der Herzstärker

Herz, Kreislauf, Gefäße, Herzerkrankungen

Zwei große Studien haben gezeigt, dass regelmäßiger Grünteegenuss das Herzinfarktrisiko deutlich senkt – und zwar um eindrucksvolle 44 %. Die positiven Effekte auf Herz und Kreislauf dürften damit zu tun haben, dass Grüntee den Cholesterinspiegel sowie die Neigung zu Übergewicht senkt. Bei der in Japan über elf Jahre durchgeführten Ohsaki-Studie mit etwa 40.000 Menschen im Alter von 40 bis 79 Jahren wurde eine Reduktion der Todesfälle aufgrund von Herz-Kreislauf-Erkrankungen festgestellt.

Arteriosklerose (Gefäßverkalkung)

Grüntee wirkt pflegend auf die innerste Schicht der Blutgefäße und dadurch der Arterienverkalkung (Arteriosklerose) entgegen.

Niedriger Blutdruck

Japanischer Grüntee wirkt anregend bei niedrigem Blutdruck, weil er auf sanfte Weise die Energien weckt und das Gehirn lebendig macht. Am besten trinken Sie gleich nach dem Aufstehen eine Tasse und dann zwei bis drei über den Tag verteilt, bis spätestens 16 Uhr.

Hoher Blutdruck

Hier wirkt Grüntee regulierend durch die Hemmung der Angiotensin-II-Produktion, also der Bildung eines Gewebshormons, das für die Aufrechterhaltung des Blutdrucks zuständig ist. Außerdem hat er auch Einfluss auf den Fettstoffwechsel.

4. Matcha – Turbo für den Stoffwechsel

Diabetes

Grüntee beeinflusst den Blutzucker- und auch den Insulinspiegel im Blut positiv und verbessert dadurch die Lebensqualität von Diabetikern. Eine große Studie über fünf Jahre zeigte, dass regelmäßiger Genuss von japanischem Grüntee das Risiko, an Diabetes zu erkranken, deutlich senkt.

Gicht

Hier wirkt grüner Tee hilfreich, weil er die Nierenfunktion anregt und die Ausscheidung von Harnsäure erhöht. Die Flavonoide wirken entzündungshemmend und schmerzstillend.

Leberentzündung

Ähnlich den Distelgewächsen, die auch in der Homöopathie bei Leberkrankheiten eine wichtige Rolle spielen, übt grüner Tee eine schützende Funktion auf Leberzellen aus.

Gallensteine

Gallensteine treten durch zu geringe Flüssigkeitszufuhr, Übergewicht und zu hohe Blutfettwerte auf. Diesen Faktoren wirkt regelmäßiger Grünteegenuss entgegen; natürlich sollte vor allem die Zufuhr ungesunder Fette gedrosselt werden.

Fettstoffwechsel

Die von uns mit der Nahrung aufgenommenen Fette werden durch die Gallensäuren verdaulich gemacht und dann im Dünndarm aufgenommen. Durch Grüntee wird dieser Vorgang blockiert – die Fette können nicht in kleinere Bestandteile zerlegt werden und sind damit nicht resorbierbar. Aber auch die Hemmung eines Darmenzyms unterstützt die Senkung des Cholesterinspiegels.

Detox (Entgiftung)

Die Kombination von Chlorophyll und Katechinen hat in verschiedenen Organbereichen eine entgiftende Funktion.

5. Matcha – stabilisiert Knochen und Gelenke

Osteoporose

Osteoporose ist in asiatischen Ländern deutlich weniger vorhanden als im Rest der Welt. Katechine können knochenabbauende Zellen blockieren und knochenaufbauende Zellen anregen, was zu einer positiven Wirkung in Hinblick auf die Osteoporose führt.

Rheuma

Eine Studie der Mayo-Klinik zeigt, dass Epigallocatechingallat (EGCG) im Tierversuch bei rheumatischen Beschwerden wirksam ist. Eine weitere Studie am Menschen ist im Gange, um die entzündungshemmende Wirkung genauer zu erforschen.

6. Matcha – baut Muskeln auf und Fett ab

Bodybuilding, Muskelaufbau, Fettabbau, Diät, Fasten, Übergewicht

Die Wirkstoffe des Grüntees können aufgrund ihrer raffinierten Kombination beim Muskelaufbau und Fettabbau hilfreich sein: Theanin und Koffein regen Stoffwechsel, Atmung und Herztätigkeit an. Die frei werdenden Fettsäuren unterstützen die körperliche Ausdauer. Außerdem werden Wachsamkeit, Reaktionsfähigkeit und Konzentration verbessert. Der beim Fasten häufig entstehende Mangel an Vitaminen und Spurenelementen wird durch Grüntee ausgeglichen. Dabei unterstützt der Tee auch das Essverhalten – der Appetit wird generell gedrosselt.

7. Matcha – Stütze für das Immunsystem

Abwehrschwäche, Erkältungskrankheiten

Matcha und japanischer Grüntee wirken auf das Immunsystem, indem sie weiße Blutkörperchen, also die Abwehrzellen, stärken. Deshalb sollten sie als Vorsorge gegen Infekte und Grippe getrunken werden.

HIV

Ein ähnlicher Mechanismus wie bei der Bekämpfung der Amyloidose läuft auch bei der HIV-Infektion ab. Das bedeutet, dass eine Behandlung von HIV mit entsprechenden Medikamenten durch Grüntee verbessert werden könnte.

8. Matcha – der Hautschutz

Anti-Aging, Kosmetik

Eine Studie zur äußeren Anwendung von Grüntee-Extrakt und gleichzeitiger Einnahme von 300 mg Grüntee-Kapseln täglich zeigte nach acht Wochen deutliche

Veränderungen im Gewebeschnitt. Auch in Zellkulturen konnte man eine verjüngende Wirkung auf die Hornzellen der Haut feststellen. An der medizinischen Hochschule von Georgia gelang der Nachweis, dass der Stoffwechsel alternder Hornzellen durch Epigallocatechingallat (EGCG) wieder aktiviert werden konnte und diese begannen, neue DNA zu erzeugen. Dieser Effekt kann für die Behandlung von Narben und Hauterkrankungen genutzt werden. Matcha setzt an verschiedenen Stellen des Älterwerdens an: Gefäße, Stoffwechsel, Herz-Kreislauf-Wirkung, Haut sowie Gehirn. Es gibt zahlreiche Anti-Aging-Produkte im Handel, die Grüntee, auch kombiniert mit anderen Stoffen, enthalten.

Sonnenschutz, Hautkrebs

Die negativen Folgen von UV-Strahlung werden durch Epigallocatechingallat (EGCG) sowohl in Form von Teetrinken als auch äußerlicher Anwendung gemildert. Die für den Schutz gegen Hautkrebs verantwortlichen Langerhans-Zellen werden durch Grüntee gegen die schädliche UV-Einstrahlung geschützt.

9. Matcha – ein Wundermittel von Kopf bis Fuß

Auge

Das Auge ist ein Teil des Nervensystems. In Untersuchungen zeigten sich positive Effekte durch die antioxidative Wirkung der Katechine.

Blase, Niere, Prostata

Die Schutzwirkung des Tees auf die Prostata dürfte auf Selen und die Katechine zurückzuführen sein. Die Harnwege werden durch den Gesamtkomplex gepflegt.

Menstruation, Schwangerschaft, Wechselbeschwerden, Candida-Pilze

Durch ihre chemische Verwandtschaft mit Östrogen haben Polyphenole einen positiven Einfluss auf die weiblichen Organe. Die hemmende Wirkung auf Pilze wirkt sich ebenfalls positiv aus. Australische Forscher fanden heraus, dass regelmäßiger Grünteegenuss vor Eierstockkrebs schützen könnte.

Matcha für die Welt – die Zukunftsperspektive

„Für die Entwicklung des Teeismus ist die lange, der Selbstbesinnung so günstige Isolierung Japans von der übrigen Welt von großem Vorteil gewesen."
(Zitat aus dem Buch vom Tee von Kakuzo Okakura, 1862 – 1913)

Matcha und Krebs – die Zukunftshoffnung

Ein Hoffnungsgebiet ist die positive Beeinflussung und Vorbeugung von Krebskrankheiten. Eine eindrucksvolle Geschichte hat in Japan Aufsehen erregt.

Die Geschichte der Ms. Hiroko Tamiya

Ms. Hiroko Tamiya hat vor kurzem im Alter von 66 Jahren ihre Krankheitsgeschichte veröffentlicht: Im Alter von 55 Jahren erkrankte sie an Magenkrebs im Endstadium. Man gab ihr noch drei Monate zu leben und operierte einige ihrer Organe. Drei Jahre lang unterzog sie sich einer Anti-Krebs-Therapie, nahm aber 35 Kilogramm ab und konnte kaum essen. Sie trank bis zu vierzig Tassen Grüntee täglich und erholte sich dadurch zunehmend, sodass die Ärzte von einem Wunder sprachen. Später nahm sie regelmäßig Matcha-Kapseln zu sich, was sie bis dato in einem befriedigenden Gesundheitszustand erhalten hat.

Einige Ergebnisse aus Forschung und medizinischer Praxis lassen Hoffnung für die Zukunft aufkommen: EGCG konnte eine deutliche hemmende Wirkung auf Pankreas-Krebszellen zeigen. Es setzt an verschiedenen Mechanismen des Krebswachstums an. Die besten Erfahrungen hat man bei Brust- und Prostatakrebs gesammelt. Beides sind hormonabhängige Krebsarten. Eine Untersuchung an asiatischen Frauen zeigte, dass durch regelmäßigen Konsum von Grüntee das Brustkrebsrisiko um 40 % verringert werden konnte. Ein neuer Aspekt betreffend Krebsentstehung liegt in unseren Genen: Mit zunehmendem Alter werden gewisse Gene, die der Krebsbekämpfung dienen, inaktiv. Durch Grüntee können diese wieder aktiviert werden.

Matcha-Tee in Kapselform

Um die Einnahme von Matcha unabhängig von der Teezubereitung zu machen, wurde Matcha in Kapselform entwickelt. Dies ist vor allem für die Behandlung von Krankheiten ideal. Matcha-Kapseln können unabhängig vom Tee-Zeremoniell eingenommen werden, die therapeutische Dosis liegt bei zwei bis drei Kapseln täglich.

Homöopathie und Matcha

Von chinesischem Tee (Thea sinensis) existiert schon seit langem eine homöopathische Arzneimittelprüfung mit einigen Hunderten Symptomen. Bislang gibt es Erfolge mit homöopathisch potenziertem Tee bei nervösen Schlafstörungen, Kopfschmerzen, Neuralgien und psychischen Leiden. Erste Versuche mit homöopathischem Matcha C 30, potenziert von Magister Robert Müntz in Eisenstadt, zeigen ähnliche, hoffnungsvolle Tendenzen.

Matcha im Teeladen – o weh!

Um die Wertigkeit von Matcha im gehobenen Teehandel zu erforschen, habe ich in einigen Teespezialitätengeschäften nach Matcha gefragt. Überwiegend ermutigte die Auskunft nicht gerade dazu, Matcha zu kaufen. Kein Wort über die besonderen gesundheitsfördernden Eigenschaften. Meist gab es nur ein kleines Päckchen, das verstohlen aus einem Winkel hervorgeholt wurde – nicht aus dem Kühlschrank. Chasen – nein, das hätte man nicht. „Und Matcha ist halt etwas, wenn man was Grünes will." Kein Ton über den exklusivsten Grüntee der Welt. Zu hoffen ist, dass dieses Szenario in ein paar Jahren der Vergangenheit angehört und Matcha als die Krone gebührend angeboten wird.

Matcha als Lifestyle-Getränk

Verlockend ist die Möglichkeit, Matcha-Tee kombiniert mit anderen gesunden Naturstoffen als Energie fördernden Drink anzubieten. Dies hat in zweijähriger Forschungsarbeit ein amerikanischer Konzern geschafft. Dabei wird Matcha mit dem geschmackvollen Saft des Granatapfels und Guaraná sowie Resveratrol kombiniert, was einen

Teekanne von Meister Yoshiki aus Tokoname, Japan

enorm hohen Orac-Wert ergibt. Der Drink benötigt kein künstliches Koffein oder andere Aufputschmittel, um eine gute Wirkung über etwa sechs Stunden zu entwickeln. Zu erwarten ist, dass ein derartiges Produkt zur Nummer eins unter den Energydrinks für gesundheitsbewusste Menschen avancieren wird.

Genug Matcha für die Welt?

Heute würde man in China gerne wieder Matcha herstellen, was bis jetzt aufgrund klimatischer Bedingungen und der komplizierten Herstellungstechnik nicht gelungen ist. Zu hoffen ist, dass es langfristig bei einer enorm gesteigerten Nachfrage noch genügend Matcha geben wird. Aber es ist eben wie bei jedem kostbaren Naturstoff: Ob ein besonderer Jahrgang eines exquisiten Rotweins oder ein seltenes Mineral – diese sind nicht unbegrenzt verfügbar, sondern ein Geschenk, das man schätzen und genießen sollte, solange man es hat.

Matcha – die genussvolle Seite

„Tee – er hat nicht die Arroganz des Weines, nicht die Selbstbewusstheit des Kaffees und nicht die süßliche Unschuld des Kakaos."
(Kakuzo Okakura, 1862 – 1913)

Gesunde Rezepte mit Matcha – ein Widerspruch?

Traditionell wird vor dem Genuss von Matcha-Tee eine winzige süße Kleinigkeit gereicht. Diese soll geschmacklich auf den Teegenuss vorbereiten und die Aufnahme der Vitalstoffe begünstigen. Möglicherweise stand dieser Brauch Pate bei der Schaffung moderner Matcha-Süßigkeiten: Kombinationen mit Eis, Schokolade, Alkohol oder in Cocktails – wegen des Zucker- und Milchgehaltes nicht gerade die gesündesten Kombinationen. Außerdem wird die Wirkung der Polyphenole durch Milcheiweiß geschwächt. Aufgrund der bereits zahlreich vorhandenen Rezepte mit der eher verschwenderischen Verwendung von Matcha werden hier ebenso biologisch hochwertige wie gesunde Kreationen präsentiert: Matcha als gesunder Genuss! Der Grüntee hilft, vor allem fetthaltige Gerichte besser zu verdauen. Auch die übliche Müdigkeit nach einer üppigen Mahlzeit ist nicht so stark ausgeprägt.

Anmerkungen:

- 1 ML = 1 Messlöffel (Chashaku) für Matcha-Pulver, das entspricht ca. 1,5 Gramm oder einem knappen TL (Teelöffel).
- Matcha-Schaum: Der Schaum soll cremig sein: 2 ML Pulver mit 2 EL Wasser (80 °C) aufschlagen. Die Menge an Matcha-Schaum wird in EL (= Esslöffel) angegeben.
- Verwenden Sie „Kakoyo Matcha", die preisgünstigste Qualität, zum Kochen.
- Die Mengenangaben der Senchateeblätter beziehen sich auf das Trockengewicht. Die Blätter mit 60 °C heißem Wasser aufbrühen und 2 Minuten ziehen lassen. Wasser ganz abtropfen lassen und die weichen Teeblätter den jeweiligen Gerichten hinzufügen.
- Alle Rezepte sind, wenn nicht anders angegeben, für 4 Portionen berechnet.

Exotischer Garnelensalat an Matcha-Schaum

(Ein Rezept von Karl Ecker)

- 250 g gekochte, ausgelöste Riesengarnelen
- ca. 200 g Blattsalate, Essig, Öl
- 2 Mangos
- 2 EL Limoncello
- 1 TL Bourbonvanillezucker
- 1 Prise Chili
- 4 EL Matcha-Schaum

1. Salate mit Essig und Öl marinieren.
2. Eine Mango in Spalten, die zweite kleinwürfelig schneiden. Letztere mit Limoncello, Vanillezucker und Chili vermischen.
3. Garnelen mit Blattsalaten und Mangospalten anrichten, mit Matcha-Schaum und der Fruchtmasse servieren.

Am besten reicht man dazu Toastbrot.

Frischer Schafkäse an Matcha

(Ein Rezept von Dr. Walter Glück)

- 250 g frischer Schafkäse
- 6 Radieschen
- 2 EL Matcha-Schaum

Für die Kräutermasse:

1 EL frische Petersilie, 1 TL frischer Kerbel, 1 EL frische Kresse, 1/2 TL Kümmel, Salz, 1/2 TL Bio-Tamora (oder Sojasoße), 1 EL Trockenbeeressig, ca. 6 EL Wasser

Für die Garnitur:

1 TL Honig, 1/2 TL Bio-Tamora (oder Sojasoße), 1/2 TL englischer Senf
2 Jungzwiebeln, 1 Handvoll frische Blattsalate

1. Kräuter fein hacken, mit den anderen Zutaten der Kräutermasse und mit dem Matcha-Schaum vermengen.
2. Honig mit Tamora und Senf verrühren.
3. Schafkäse mit Blattsalat, geschnittenen Zwiebeln und der Kräutermasse anrichten.

Gut dazu passt Matcha-Brot (s. S. 94).

Geräucherte Rinderzunge mit Matcha

(Ein Rezept von Dr. Walter Glück)

- 300 g geräucherte Rinderzunge
- 100 g gekochter Grünkern

Für die Matcha-Creme:

100 g Wirsing (Kohl), 2 Karotten, 4 EL Matcha-Schaum, 2 EL Hanföl, Salz, Pfeffer, 1 TL Kümmel, ca. 4 EL Wasser

Für die Garnitur:

4 Karotten, 2 EL geriebener Kren (Meerrettich)

1. Alle Karotten in Salzwasser bissfest kochen, danach 4 Karotten beiseitelegen, die anderen 2 Karotten kleinwürfelig schneiden.
2. Wirsing blanchieren, mit kaltem Wasser abschrecken, danach fein hacken.
3. Hanföl in einer Pfanne erhitzen, klein geschnittenen Wirsing vermischt mit den Karottenwürfeln ca. 2 Minuten anrösten, mit Salz, Pfeffer und Kümmel würzen.
4. Wirsing-Karotten-Gemüse in eine Schüssel geben. Matcha-Schaum und Wasser hinzufügen, bis eine kompakte Masse entsteht.
5. Blättrig geschnittene Zunge auf einem Teller anrichten, mit Kren bestreuen; mit Karottenscheiben und Grünkern servieren.

Himmlischer Avocado-Dip

(Ein Rezept von Dr. Walter Glück)

- 1 EL Kokos-Ghee oder Kokosfett
- Fruchtfleisch von 3 reifen Avocados (ca. 150 g)
- 70 g klein geschnittener Wirsing (Kohl)
- 1 kleine Zwiebel
- 10 g geriebene Mandeln
- 100 ml Kokosmilch
- 3 TL Ahornsirup
- Salz
- 1/2 TL geriebener Sternanis
- 1 Prise geriebene Nelken
- 3 EL Matcha-Schaum

1. Klein geschnittene Zwiebeln im Kokosfett anschwitzen, dann Wirsing dazugeben und ca. 2 Minuten rösten.
2. In einem Gefäß mit den restlichen Zutaten vermischen und pürieren. Zum Schluss Matcha-Schaum unterheben.

Passt als Dip gut zu Garnelen, Schinken, Fleisch und Kartoffeln. Schmeckt auch lecker auf Toastbrot.

Fenchel mit Nuss-Matcha

(Ein Rezept von Karl Ecker)

- 4 Fenchelknollen
- 2 EL Butter

Für den Sud:

750 ml Wasser, Saft von 1/2 Zitrone, Salz, 1 EL Zucker

Für die Nussmasse:

2 EL geschälte Hanfnüsse, 1 EL Macadamia-Nussöl, 1 EL süße Sojasoße, 1 Zwiebel, 1 Knoblauchzehe, 1 EL Cashewnüsse, ca. 4 – 6 EL Sud, 3 EL Matcha-Schaum

1. Fenchel vierteln, im Sud bissfest kochen, dann in Butter kurz anschwitzen.
2. Zwiebel und Knoblauch klein schneiden und im Nussöl anrösten, danach in einer Schüssel mit den anderen Zutaten vermengen. So viel Sud hinzufügen, bis die Masse cremig ist. Mit der Hälfte des angerührten Matcha-Schaumes verrühren.
3. Fenchel mit der Masse anrichten, mit restlichem Matcha-Schaum dekorieren, lauwarm servieren.

Matcha-Bruschetta

(Ein Rezept von Dr. Walter Glück)

- 4 Scheiben Bruschetta-Brot
- ca. 1 Tasse Senchatee
- 1/2 roter Paprika für die Garnitur

Für den Aufstrich:

1 kleine Zwiebel, 1 Knoblauchzehe, 100 g Wirsing (Kohl), 100 g gewürfelter Raclette-Käse, 2 EL Ölivenöl, 1 TL pikante Sojasoße, 1 TL Zitronensaft, 1 TL getrockneter Estragon, 1 TL Zucker, 20 g Pinienkerne, 8 g aufgebrühte Senchateeblätter, 3 EL Matcha-Schaum, Salz, Pfeffer

1. Zwiebel und Knoblauch fein schneiden und im Olivenöl anrösten.
2. Gehackten Wirsing hinzufügen und ca. 2 Minuten braten, abkühlen lassen.
3. In eine Schüssel geben und mit den übrigen Zutaten verrühren; mit so viel Senchatee aufgießen, bis eine streichfähige Masse entsteht.
4. Bruschetta-Brot damit bestreichen und bei 180 °C überbacken, mit Paprikastreifen garnieren.

Zweierlei Lachs an Matcha-Schaum

(Ein Rezept von Karl Ecker)

- Je 200 g unterschiedlichen Räucherlachs

Für die Soße:
2 Minigurken zu je ca. 100 g, 2 EL frische Dille, 4 g aufgebrühte Senchateeblätter, 1 EL Matcha-Schaum, 1/2 TL Zitronensaft, 2 EL Crème fraîche, Salz, Pfeffer

Für die Garnitur:
1 TL Honig, 1/2 TL Bio-Tamora (oder Sojasoße), 1/2 TL englischer Senf
2 Jungzwiebeln, 1 Handvoll frische Blattsalate

1. Gurken würfelig schneiden, mit den Zutaten vermischen.
2. Mit dem Lachs anrichten, mit Gurkenscheiben garnieren. Dazu Toastbrot reichen.

Matcha-Brennnesselrahmsuppe mit Räucherlachsrose

(Ein Rezept von Gerald Jeitler)

Für 2 Personen:

- 30 g Stangensellerie
- 20 g Lauch
- 10 ml Olivenöl
- 10 g Weizenvollkornmehl
- 250 ml Gemüsefond
- Salz, Pfeffer, Muskat, Petersilie
- 30 ml Crème fraîche
- 40 g Brennnesselblätter
- 2 Toastscheiben
- 30 g Räucherlachs
- 1 EL Matcha-Schaum

1. Lauch mit Stangensellerie klein schneiden, im Olivenöl anschwitzen und leicht mit Mehl stauben.
2. Mit Gemüsefond aufgießen, würzen und verkochen lassen.
3. Brennnesselblätter in die Suppe einrühren, kurz aufkochen, Crème fraîche hinzufügen, mixen und durch ein Sieb streichen.
4. Toastscheiben rund ausstechen (ca. 3 cm Durchmesser) und toasten, aus dem Räucherlachs eine Rose formen und auf die Toastscheibe aufsetzen.
5. Die Suppe mit Matcha-Schaum aufmixen, mit der Toastscheibe und dem Lachs garniert servieren.

Grüne Matcha-Suppe

(Ein Rezept von Karl Ecker)

- 100 g Zwiebeln
- 100 g Minigurken
- 200 g grüner Minisalat
- 100 g Zucchini
- 2 EL Rapsöl
- 1 EL Chiakorn
- 2 EL fein gehackte Petersilie
- 3 EL Matcha-Schaum
- 10 g Butter
- 1 Schnitte Matcha-Brot (bzw. Mischbrot)
- 1/2 roter Paprika
- Salz, Pfeffer, frische Basilikumblätter

Ein Gesundheitsbooster:
Rapsöl und Chiakorn enthalten wertvolle ungesättigte Fettsäuren; dank der schonenden Zubereitung und der grünen Rohstoffe ist diese Suppe reich an Vitaminen und Antioxidantien.

1. Chiakorn mit 1 Tasse Wasser für mindestens 6 Stunden ansetzen.
2. Zwiebeln, Gurken, Salat in ca. 1 cm große Stücke schneiden. Zuerst Zwiebeln im Öl glasig dünsten, dann Gurken und Salat hinzufügen, mit 100 ml Wasser aufgießen.
3. Masse abkühlen lassen und pürieren.
4. Gequollenes Chiakorn dazugeben. Würfelig geschnittene Zucchini in Butter kurz anrösten und in die Suppe geben. Zuletzt Matcha-Schaum und Petersilie hinzufügen.
5. Brotwürfel in Butter rösten und auf der Suppe mit klein geschnittenen Paprikastücken und Basilikumblättern anrichten. Die Suppe kann heiß oder kalt serviert werden.

Grünes Matcha-Hühnercurry

(Ein Rezept von Dr. Walter Glück)

- 400 g Hühnerfilet ohne Haut
- 250 Champignons
- 250 g Zucchini
- 1 Zwiebel
- 1 EL Kokosfett
- 300 ml Kokosmilch
- Kaffirblätter (Limonenblätter)
- 2 EL Fischsoße
- 1 EL Zucker
- 1 TL Zitronensaft
- Grüne Currypaste
- 6 g aufgebrühte Senchateeblätter
- 1 Mokkatasse Senchatee
- 4 EL Matcha-Schaum
- frische Chilis, frisches Basilikum

1. Fein geschnittene Zwiebel in Kokosfett anschwitzen, gewürfeltes Hühnerfilet, gewürfelte Zucchini und geviertelte Champignons hinzugeben; kurz mitbraten, mit Kokosmilch und Senchatee aufgießen.
2. Restliche Zutaten hinzufügen, ca. 10 Minuten köcheln lassen, Kaffirblätter entfernen, Basilikum zum Schluss beigeben.
3. 3 EL Matcha-Schaum einrühren, mit 1 EL Matcha-Schaum dekorieren und mit Reis servieren.

Matcha-Nudeln

(Ein Rezept von Sohyi Kim)

- 1/8 l Wasser
- 400 g Mehl
- 1 Prise Salz
- 3 EL Matcha-Pulver

1. Mehl, Salz, Wasser und Matcha-Pulver zu einem Teig kneten. Eine Stunde rasten lassen, nochmals durchkneten.
2. Das Durchkneten und Rasten-Lassen 2 bis 3 Mal wiederholen, damit ein elastischer Nudelteig entsteht. Teig entweder mit einer Nudelmaschine zu Nudeln verarbeiten oder ausrollen und mit einem Messer in 3 mm dicke Nudeln schneiden. Nudeln mit Mehl bestauben, damit sie nicht zusammenkleben.
3. Nudeln in kochendes Salzwasser geben und ca. 1 1/2 Minuten lang kochen. In ein Sieb leeren und abtropfen lassen.

Passt gut zu Kokos-Ramen.

Restaurant „Kim kocht" (Wien)
www.kimkocht.at

Überbackene Matcha-Mangoldrouladen

(Ein Rezept von Karl Ecker)

- 250 g Rindsfilet
- 150 g gekochter Reis
- 1 Bund Mangold ohne Stiele
- 250 ml Rindssuppe
- 100 g Butter
- 100 g Champignons
- 1 große Zwiebel
- 2 Knoblauchzehen
- 1 TL Herbes de Provence
- 100 g geriebener Gruyère-Käse
- 100 g geriebener Raclette-Käse
- 6 g aufgebrühte Senchateeblätter
- 2 EL Matcha-Schaum
- Muskatnuss, Salz, Pfeffer

1. Mangoldblätter blanchieren und trocken tupfen.
2. Zwiebel und Knoblauch klein hacken und in Butter anschwitzen, gehacktes Rindsfilet mitrösten, abkühlen lassen.
3. Die Masse mit Reis, Senchateeblättern und Matcha-Schaum vermischen; in Mangold wickeln und in eine Auflaufform geben, mit Rindssuppe übergießen; im Backrohr bei ca. 160 °C ca. 15 Minuten backen.
4. Den geriebenen Käse auf die Rouladen streuen, bei Oberhitze gratinieren.
5. Champignons blättrig schneiden, in Butter anrösten und mit den Rouladen servieren.

Matcha-Lauch-Risotto

(Ein Rezept von Dr. Walter Glück)

Für das Gemüse:

- 150 g grob gehackter Lauch (Porree)
- 50 g grob gehackte Zichorie (ca. eine Stange)
- 3 EL Kokos-Ghee oder Kokosfett
- 1 EL Ahornsirup
- 200 ml Kokosmilch
- 3 EL Hanfnüsse
- 3 EL geriebene Mandeln
- 20 g Pinienkerne
- 1 Prise Zimt
- Salz, weißer Pfeffer
- 2 EL Matcha-Schaum

Für den Risotto:

- 50 g Butter
- 1 große, fein gehackte Zwiebel
- 300 g Risottoreis
- 150 ml trockener Weißwein
- 1 l Gemüsebrühe

Für die Gremolata:

- 2 fein gehackte Knoblauchzehen
- 1 abgeriebene Zitronenschale
- 4 EL frische, grob gehackte Kresse

ca. 100 g Bergkäse zum Servieren

1. Den Risotto auf die übliche Weise fast fertig zubereiten und warm stellen.
2. Für das Gemüse Kokosfett erhitzen, Zichorie ca. 1 Minute anrösten, danach Hanfnüsse und Mandeln hinzufügen, mit dem Lauch ca. 1 Minute weiterrösten; Kokosmilch hinzufügen, mit den übrigen Zutaten kurz erhitzen, Matcha-Schaum unterrühren.
3. Risotto fertig kochen, Gemüse einrühren und abschmecken. Mit Gremolata und gehobeltem Bergkäse servieren.

Millefeuille von Gänseleber und Birne mit Matcha-Tee

(Ein Rezept von Jean-Claude Bourgueil)

- 1 Gänseleberterrine
- 60 ml Wasser
- 20 g Zucker
- 8 Blätter Gelatine
- 200 g pochierte Birnen
- 4 EL Birnenpaste
- 1/2 TL Matcha-Pulver
- 1 Schuss Williamsbirnenbrand
- 200 g pochierte Gänseleber
- Salz, Pfeffer
- 100 g Sahne

1. Eine Gänseleberterrine in etwa 1 cm dicke Scheiben schneiden und eine Terrinenform damit auslegen.
2. Wasser und Zucker erhitzen. 5 Blatt eingeweichte Gelatine darin lösen.
3. Pochierte Birnen mit 2 EL Birnenpaste, 1/2 TL Matcha-Pulver, Williamsbirnenbrand und Gelatine mixen, passieren und 100 g auf der Gänseleber verteilen, kalt stellen.
4. 100 g Gelee erwärmen. 3 Blatt eingeweichte Gelatine darin lösen, mit 200 g pochierter Gänseleber und 2 EL Birnenpaste mixen. Mit Salz und Pfeffer abschmecken, passieren und 100 g geschlagene Sahne unterheben.
5. 240 g auf der Terrine verteilen, stocken lassen und weitere 100 g des Birnengelees darauf verteilen.

Restaurant „Im Schiffchen" (Düsseldorf)
www.im-schiffchen.de

Frische Früchte mit Teemarinade

(Ein Rezept von Dr. Walter Glück)

- 1 Banane
- je 125 g Himbeeren, Heidelbeeren, Ananasstücke
- 100 g Weintrauben

Für die Marinade:

1 Mokkatasse kräftiger Schwarztee, 1 EL überbrühte Teeblätter,
1 ML Matcha-Pulver, 4 EL Orangenlikör, 1 Prise gemahlene Nelke,
1 TL Ahornsirup, frische Zitronenmelisse

1. Obst in Schälchen anrichten.
2. Für die Marinade Zutaten vermengen und damit die Früchte übergießen, mit Zitronenmelisse garnieren.

Matcha-Hirse-Kraftbrei

(Ein Rezept von Dr. Walter Glück)

Für 2 Personen (zum Frühstück):

- Hirsebrei (4 EL Hirse mit Wasser ca. 20 Minuten kochen)
- 2 EL Tahini (Sesampaste)
- 2 EL Ahornsirup
- 1 EL Hanföl, Salz
- 1 EL frisch gepresster Orangensaft
- 1 Prise Zimt
- 1 EL Matcha-Schaum
- 1 Tasse Senchatee

Alle Zutaten verrühren, zuletzt Matcha-Schaum und so viel Senchatee hinzufügen, bis die Masse cremig ist; mit dem Hirsebrei servieren.

Ist auch geeignet bei Laktose-Intoleranz. Dazu passt gut frisches Obst.

Matcha-Gewürzbrot

(Ein Rezept von Dr. Walter Glück)

- 400 g Weizenmehl Type 480
- 250 g Dinkelmehl Type 630
- 1 EL Rohrzucker
- 12 g Trockenhefe
- 100 ml Senchatee von 6 g überbrühten Senchateeblättern
- 200 ml Wasser
- 3 EL Rapsöl
- 1 TL Salz
- 1 TL süße Sojasoße
- 1 EL Ahornsirup
- 1 TL Anis
- 2 ML Matcha-Pulver
- 1 TL Balsamicoessig
- 1 TL Korianderkörner
- 1 TL Kümmel
- 1 Prise Muskatnuss

1. Senchateeblätter mit 100 ml Wasser (60 °C) 2 Minuten überbrühen, Blätter entfernen, Tee abkühlen lassen.
2. Alle anderen Zutaten vermischen und zuletzt die Flüssigkeit, die Senchateeblätter sowie das Matcha-Pulver dazugeben. Vermischen und zu einem Teig kneten.
3. Ruhen lassen, danach bei ca. 200 °C ca. 50 Minuten backen.

Backautomat: Zutaten wie oben vermischen, mit dem normalen Backprogramm backen (dunkle Kruste).

Passt gut zu Aufstrichen und Frischkäse.

Grünes Matcha-Brot

(Ein Rezept von Dr. Walter Glück)

- 30 g Polenta
- 300 ml Wasser
- 1 EL Salz
- 2 EL Rapsöl
- 60 g fein gehackter Wirsing (Kohl)
- 250 g Weizenvollkornmehl
- 280 g Weizen-Feinmehl Type 700
- 1 Ei
- 40 g geriebene Mandeln
- 2 ML Matcha-Pulver
- 8 g aufgebrühte Senchateeblätter
- 1 EL süße Sojasoße
- 13 g Bio-Hefe
- 5 EL Bio-Rapsöl
- 1 EL Kümmel
- 1 EL Rohrzucker
- 1 TL getrockneten Kerbel
- 1 TL gemahlener Korianderkörner

1. Zunächst Polenta mit Salz im Wasser kurz aufkochen und quellen lassen, danach abkühlen lassen.
2. Wirsing im Rapsöl ca. 2 Minuten anrösten.
3. Die restlichen Zutaten vermischen, danach Wirsing und Polenta hinzufügen.
4. Zu einem Teig kneten, ruhen lassen, danach bei ca. 200 °C ca. 50 Minuten backen.

Backautomat: Zutaten wie oben vermischen, mit dem normalen Backprogramm backen (mittlere Kruste). Schmeckt sehr gut allein oder mit etwas Butter, außerdem gut mit Aufstrichen oder Avocados.